Andreas Wohlfahrt

Musik für Holzkisten

Ein Rhythmusrepertoire für Cajón

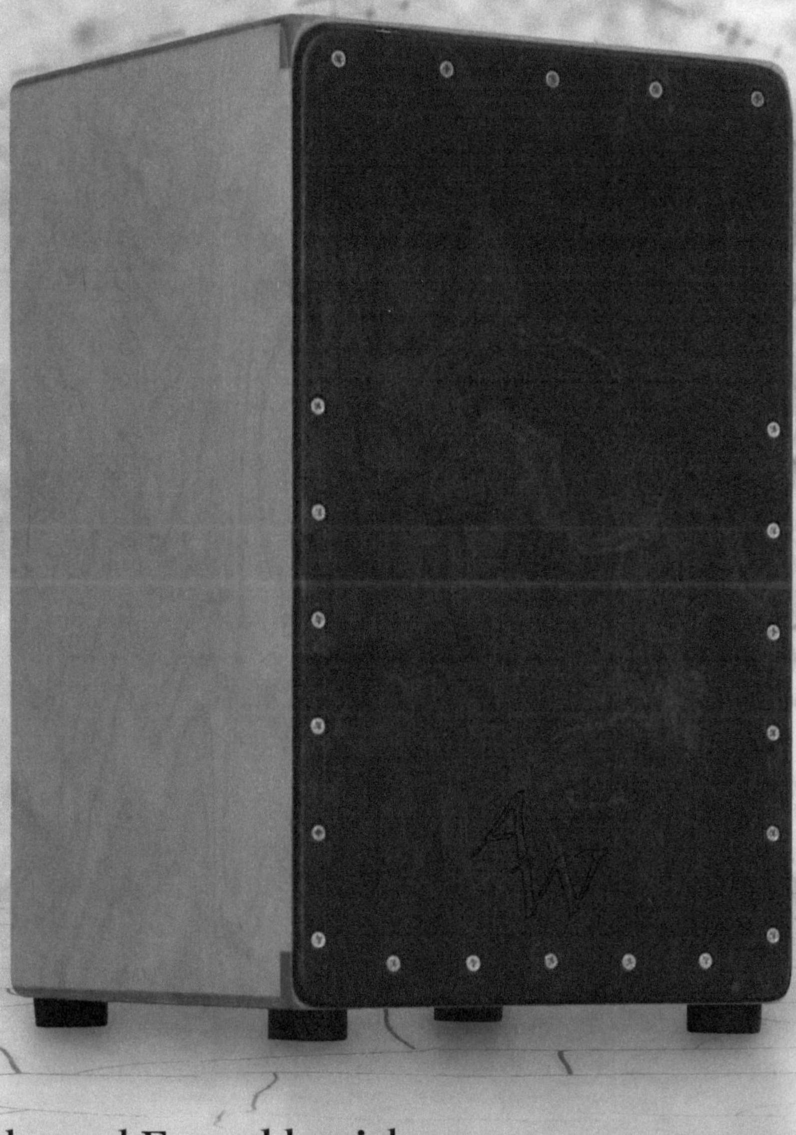

Solo- und Ensemblespiel

Rock/Pop — Warm-up

Malfuf — Koordination

Samba — Akzente

grundlegende Spieltechniken

BREVIS VERLAG

Andreas Wohlfahrt

Musik für Holzkisten

Ein Rhythmusrepertoire für Cajón

BREVIS VERLAG

www.andreas-wohlfahrt.de
www.brevis-verlag.de
Covergestaltung, Notensatz und Layout: Andreas Wohlfahrt
Fotos: Andreas Wohlfahrt
Aufnahmen: Markus Wimmer, Rurtonstudio, *www.rurton.de*
Herstellung: BoD - Books on Demand, Norderstedt

ISBN: 978-3-9819262-0-0

Inhalt

mp3 Index

mp3 Index

Die mp3 Dateien stehen auf www.andreas-wohlfahrt.de/musik-fuer-holzkisten kostenlos als stream oder download zur Verfügung. Die Seite ist passwortgeschützt. Um ihren Inhalt sehen zu können muss folgender Code eingegeben werden: 749N-2431-D825-96G5
Alle Titel beginnen mit einem zweitaktigen Vorzähler. Im 4/4 Takt werden Viertelnoten, im 2/2 Takt Halbe Noten vorgezählt.

Einleitung

Mit dem vorliegenden Buch möchte ich zum einen Rhythmen und Übungen für Cajón vermitteln, und zum anderen Möglichkeiten zeigen, wie mit diesen Rhythmen Solo- und Ensemblestücke gestaltet werden können.

Auf den Seiten 15 bis 73 wird das in diesem Buch behandelte Rhythmusrepertoire dargelegt. Dabei habe ich bewusst einen stilistisch überschaubaren Rahmen gewählt, um stattdessen das enthaltene Gestaltungspotential besser verdeutlichen zu können.
Auf den Seiten 74 bis 97 sind acht Beispiel-Performances aufgeführt, die allein das vorgestellte Rhythmusrepertoire beinhalten. Jede dieser Performances steht im Internet auch als mp3 Datei zur Verfügung. Mehr dazu im „mp3 Index“. Die mehrstimmigen Performances sind zudem als playalong-Version vorhanden, so dass sie auch als Einzelperson nach- und mitgespielt werden können. Die Performances sollen aber ebenso anregen, eigenständig mit dem Rhythmusrepertoire zu arbeiten.

Abschließend ist noch der erste Teil von „Music for Boxes of Wood“ enthalten, einer dreistimmigen Komposition für Cajón.

Für Leser/innen ohne oder mit geringer Notenkenntnis wird im Anhang die im vorliegenden Buch verwendete Notation kurz erläutert.

Da sich die Inhalte der einzelnen Kapitel ergänzen, kann das Buch in beliebiger Reihenfolge „erspielt“ werden.

Somit sei das Spiel eröffnet und ich wünsche viel Freude bei *Musik für Holzkisten*!

Andreas Wohlfahrt
im Herbst 2017

Schlagfertig

Legende

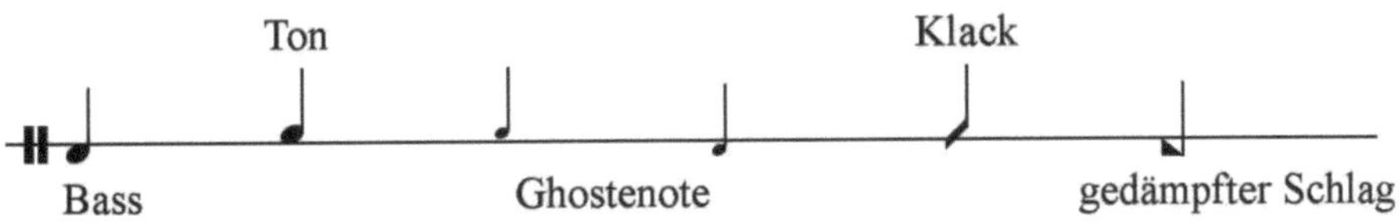

Ein Großteil der im vorliegenden Buch vorgestellten Rhythmen besteht aus lediglich zwei verschiedenen Klängen: Einem tiefen Klang, der von nun an *Bass* genannt wird und einem hohen Klang, der von nun an als *Ton* bezeichnet wird.

Bass

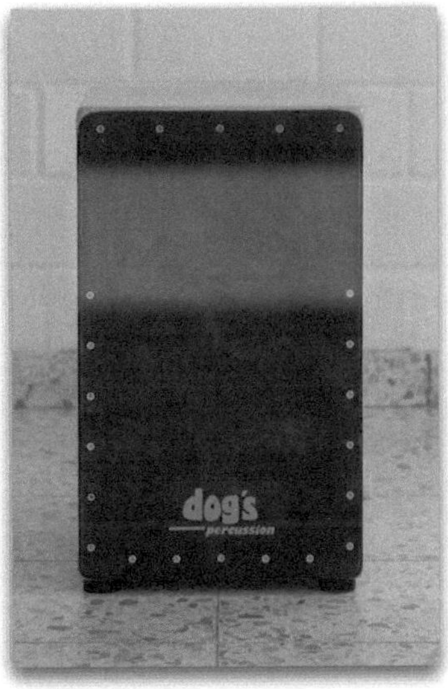

Abb. 1

Die Spielzone für *Bass* befindet sich vorzugsweise etwas oberhalb der Mitte der Schlagplatte (Abb. 1). Hier kommt der Klangcharakter des *Bass* zur vollen Geltung.

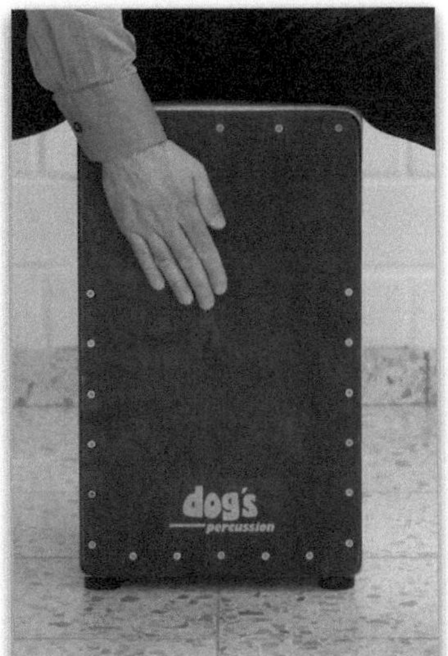

Abb. 2

Bass kann auf verschiedene Weisen gespielt werden. Eine Möglichkeit besteht darin, *Bass* mit der gesamten Handfläche zu spielen (Abb.2). *Bass* wird mit einer Bewegung des Unterarms ausgeführt.

Ton

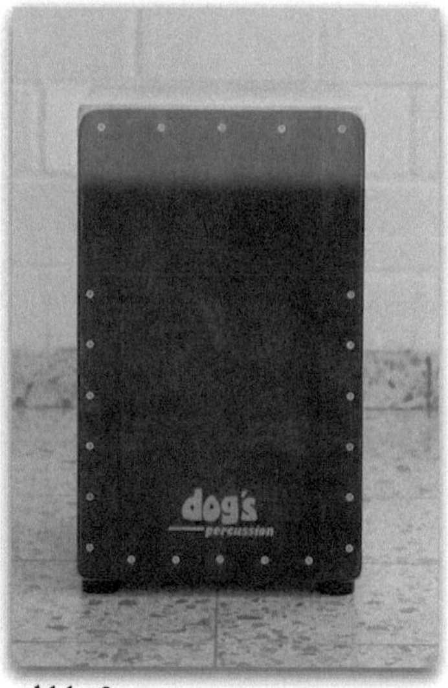

Abb. 3

Die Spielzone für *Ton* befindet sich am oberen Rand der Schlagplatte (Abb. 3).

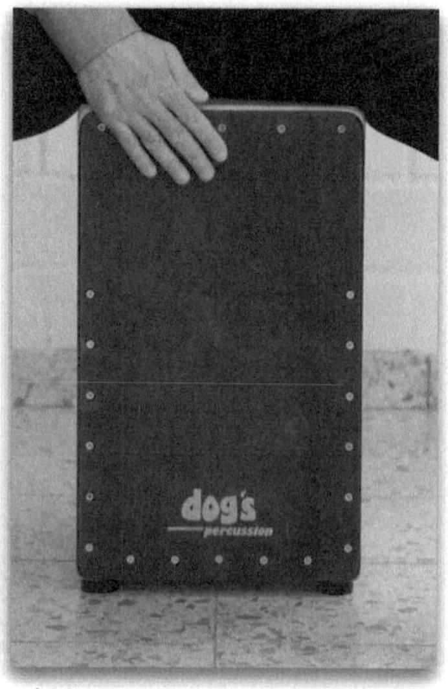

Abb. 4

Ton kann auf verschiedene Weisen gespielt werden. Eine Möglichkeit besteht darin, *Ton* mit den kompletten Fingern zu spielen (Abb. 4). *Ton* wird größtenteils mit einer Bewegung des Handgelenks ausgeführt.

Ghostenotes

Ghostenotes sind leise gespielte Klänge, die meist mit den Fingerspitzen ausgeführt werden. Wie leise die *Ghostenotes* sein sollen, hängt von der musikalischen Situation ab und ist folglich variabel. *Ghostenotes* können sowohl im Spielbereich des *Ton* als auch im Spielbereich des *Bass* gespielt werden.

Klack

Klack kann wahlweise auf unterschiedliche Art ausgeführt werden:

- Seitlich auf dem Korpus der Cajón (Abb. 5).
- Mit den Fingerknöcheln auf der Oberseite, dem Korpus oder der Schlagfläche der Cajón (Abb. 6).
- Falls vorhanden mit Clap-Corner (Clap-Corner bedeutet, dass in den oberen Ecken die Schlagplatte leicht gelöst ist).
- Falls vorhanden mit Add-on (ein Add-on ist eine zusätzliche Klangquelle, die an die Cajón montiert werden kann).

Die Suche nach weiteren Arten ist ausdrücklich erlaubt.

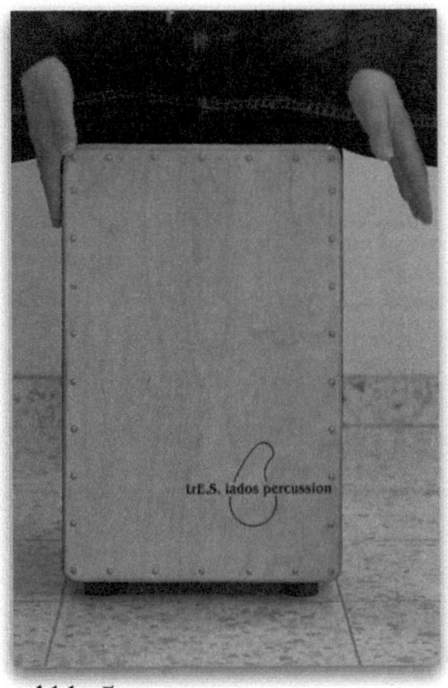
Abb. 5

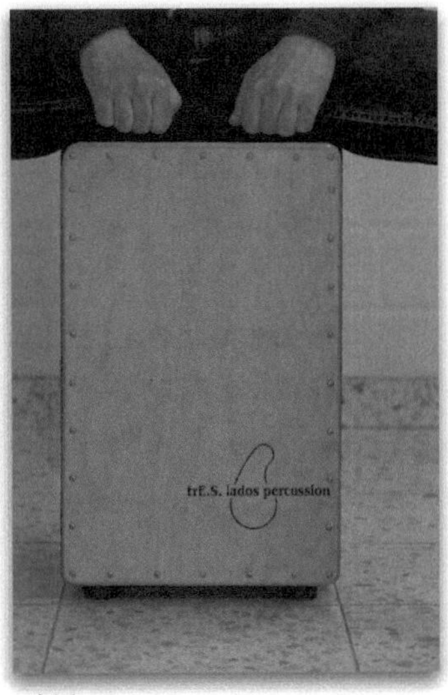
Abb. 6

Gedämpfter Schlag

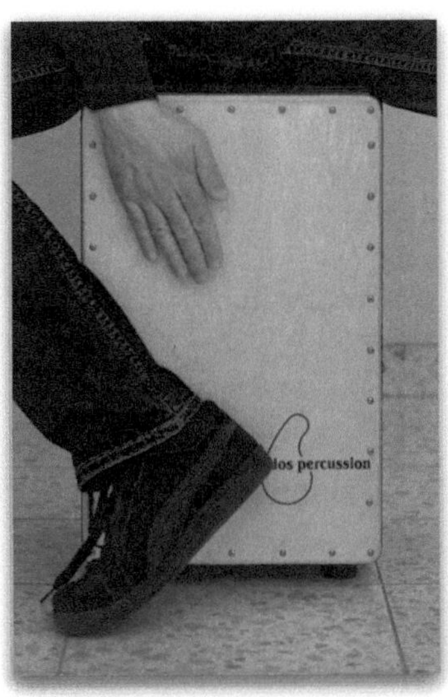
Abb. 7

Gedämpfte Schläge werden vorzugsweise im Spielbereich des *Bass* ausgeführt und können auf verschiedene Weisen gespielt werden. Bei einer Variante drück ein Fuß während des Schlages mit der Ferse leicht gegen die Schlagplatte (Abb. 7).
Bei einer anderen Variante bleibt die Hand nach dem Schlag auf der Schlagplatte liegen.

Spielposition

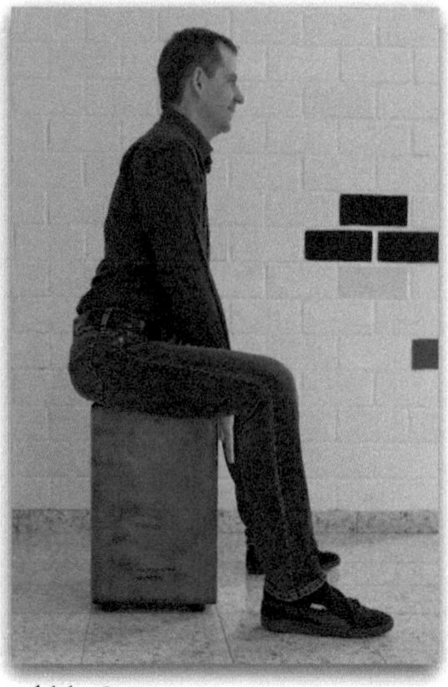

Abb. 8

Bei der gebräuchlichsten Spielweise sitzen Cajónspieler/innen auf der Cajón. Dabei muss der Oberkörper beim Spielen zwangsläufig etwas nach vorne gebeugt werden. Zum Wohle des Rückens sollte auf eine möglichst aufrechte Körperhaltung geachtet und ein Rundrücken vermieden werden (Abb. 8).

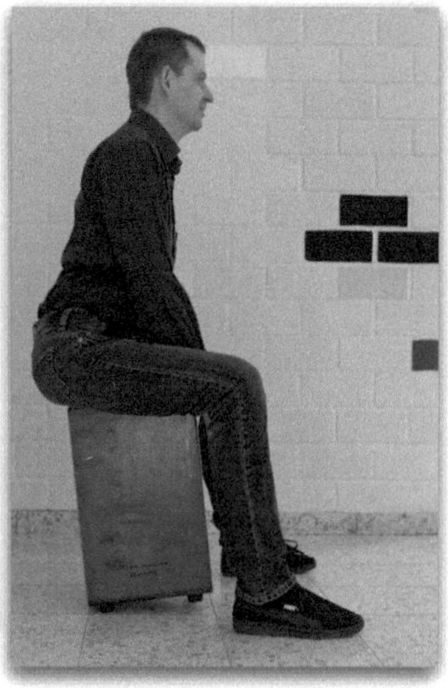

Abb. 9

Viele Cajónspieler/innen kippen während des Spielens die Cajón, indem sie sich mit den Füßen abdrücken und die Schlagplatte dadurch schräg aufwärts zeigt (Abb. 9).

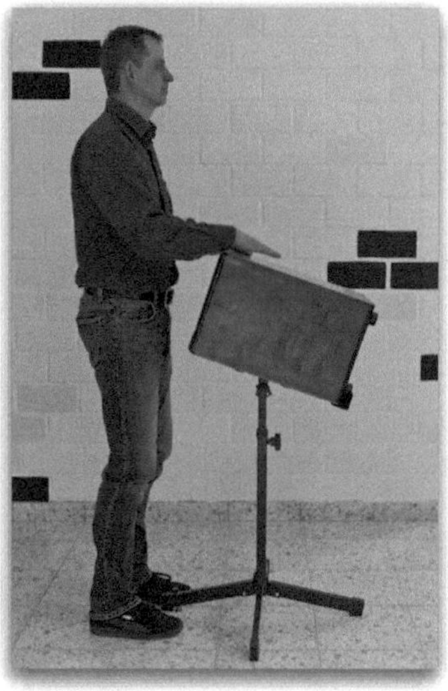

Abb. 10

Manche Cajónspieler/innen bauen das Instrument mit Hilfe von Halterungen vor sich auf, so dass die Cajón auch im Stehen spielbar wird (Abb. 10).

Durch ausprobieren möge jede/r selbst entscheiden, wann und warum sie/er welche der dargelegten Sitz- und Spielpositionen bevorzugt.

Warm-up

Mit Hilfe der folgenden *Warm-ups* können grundlegende Schlagkombinationen von *Bass* und *Ton* geübt werden. Darüber hinaus werden sie später noch Bestandteil einer Performance. Alle *Warm-ups* sind im 4/4 Takt notiert, lassen sich aber auch im 2/2 Takt spielen. Dabei wird die Zählweise von „1 + 2 + 3 + 4 +“ zu „1 e + d 2 e + d“ geändert.

⇨ Für Leser/innen ohne oder mit geringer Notenkenntnis werden im Anhang (S. 102ff) die Grundlagen der hier verwendeten Notation kurz erläutert.

Handsätze

Warm-up 1 bis *Warm-up* 3 können mit verschiedenen Handsätzen gespielt werden:

- **Single Strokes** - Einzelschläge
- **Double Strokes** - Doppelschläge
- **Single Paradiddle** - eine Kombination aus Einzel- und Doppelschlägen
- **Right Hand Lead** bzw. **Left Hand Lead** - rechte Hand führt, bzw. linke Hand führt (die führende Hand spielt *Bass* bzw. Akzente)

Die entsprechenden Handsätze sind jeweils unter die Noten geschrieben. Dabei steht „R“ für rechte Hand und „L“ für linke Hand. Rechtshänder üben zunächst die oberen Handsätze, Linkshänder die unteren. Später können die Handsätze auch getauscht werden.

Übungshinweise

- Ziel ist es, ein *Warm-up* komplett zu spielen. Sollten einige Stellen Schwierigkeiten bereiten, kann der betreffende Abschnitt einzeln und wiederholt geübt werden.
- Auf die Klangunterschiede zwischen *Bass* und *Ton* achten.
- Auf die Handsätze achten.
- Beim Üben auch laut mitzählen.
- Es empfiehlt sich mit einer Geschwindigkeit zu beginnen, in der fehlerfrei und entspannt gespielt werden kann. Später kann das Tempo schrittweise geändert werden.
- Auch mit Metronom üben.
- Die *Warm-ups* auch ohne Noten spielen.
- Um eine Klangvorstellung zu bekommen, ist es hilfreich die *Warm-ups* zu sprechen. Dabei können die Klänge lautmalerisch nachgeahmt werden, z.B. „Bum“ oder „Dum“ für *Bass* und „Tak“ für *Ton*.

Track 1

Warm-up 1

Single Strokes

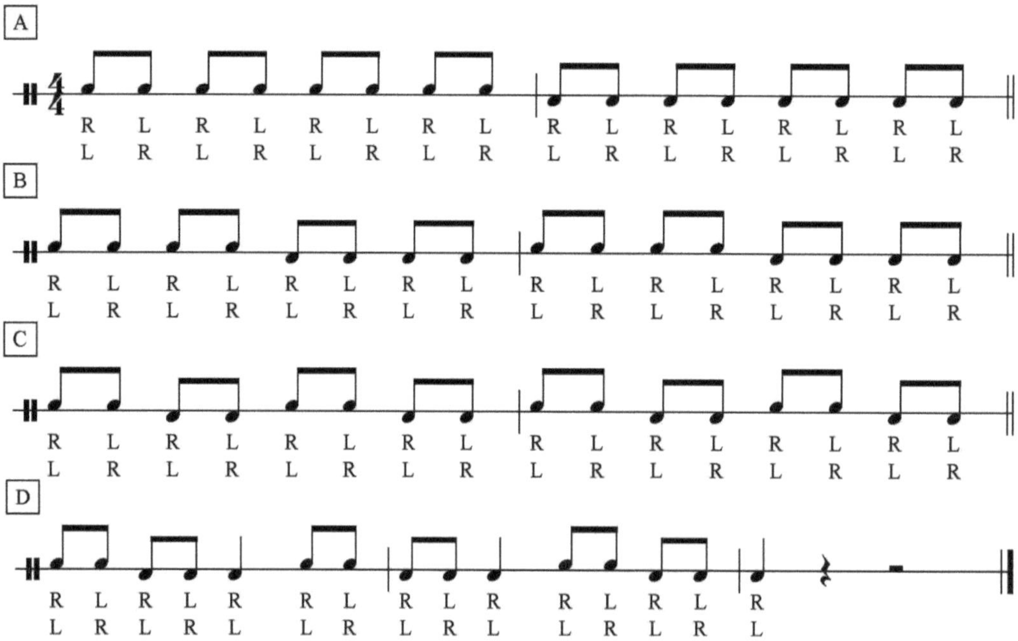

Warm-up 1

Double Strokes

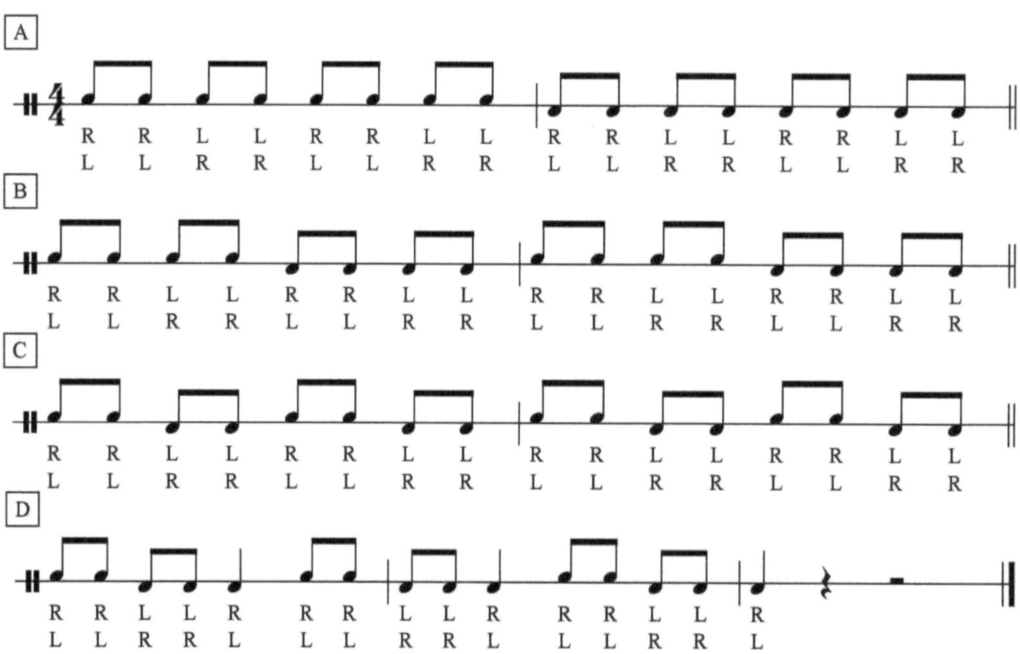

Warm-up 1

Single Paradiddle

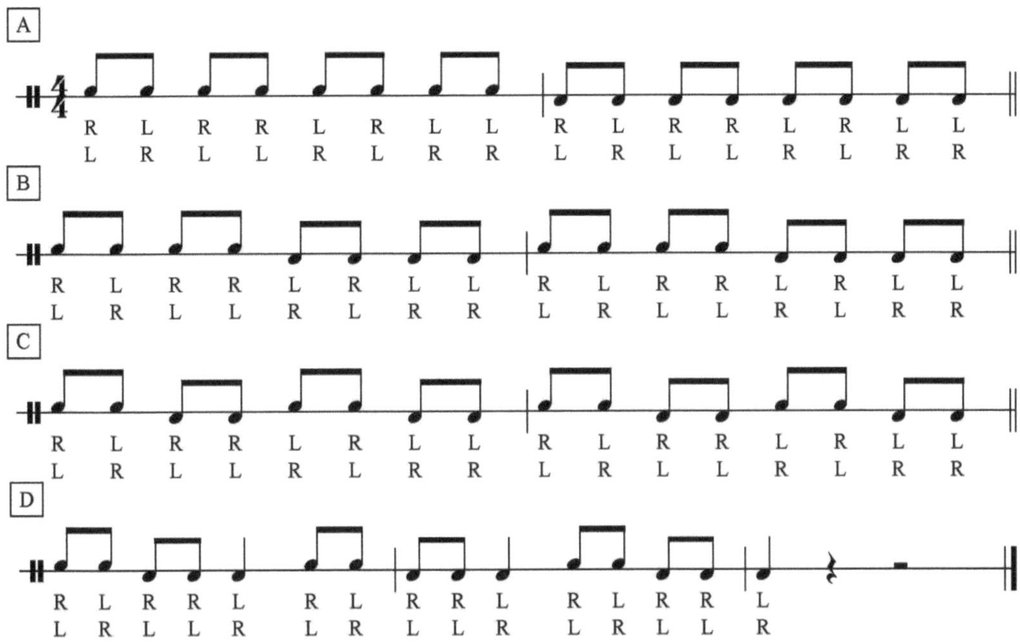

Warm-up 1

Right Hand Lead - Left Hand Lead

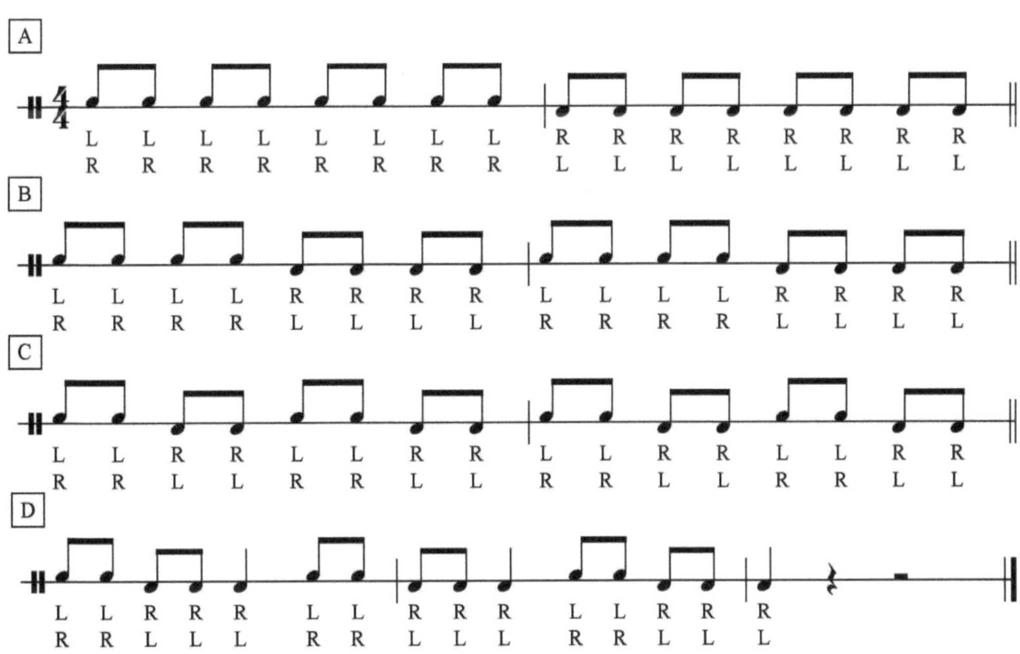

Track 2

Warm-up 2

Single Strokes

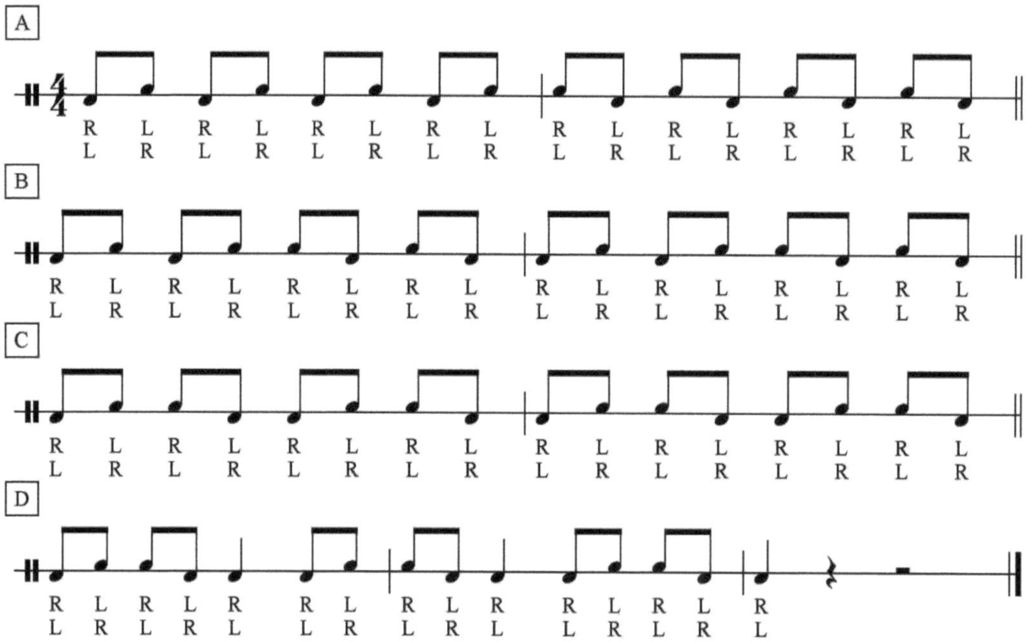

Warm-up 2

Double Strokes

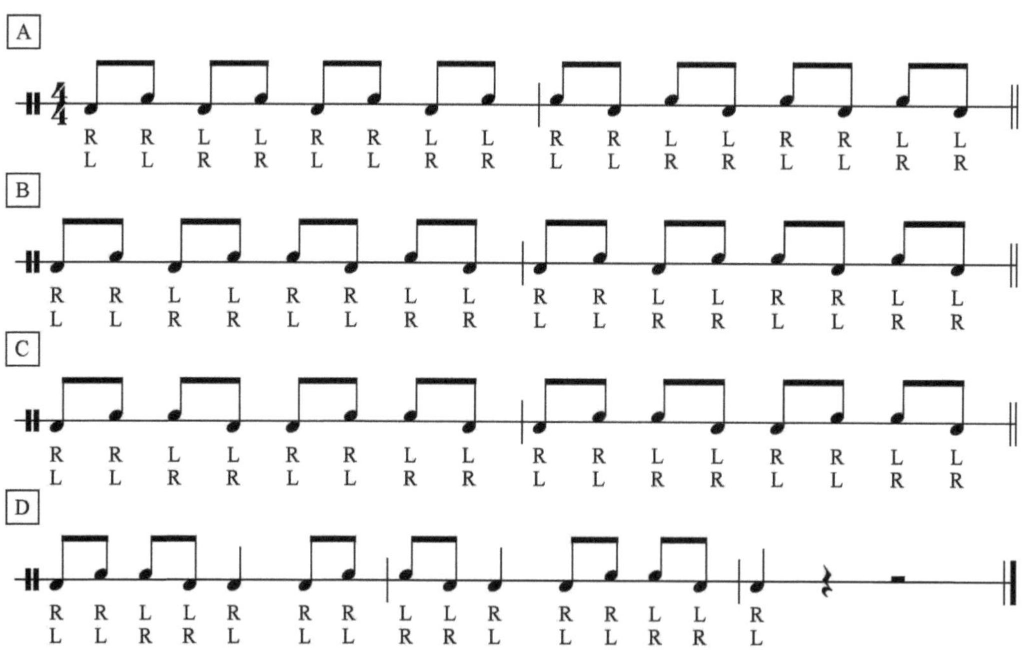

Warm-up 2

Single Paradiddle

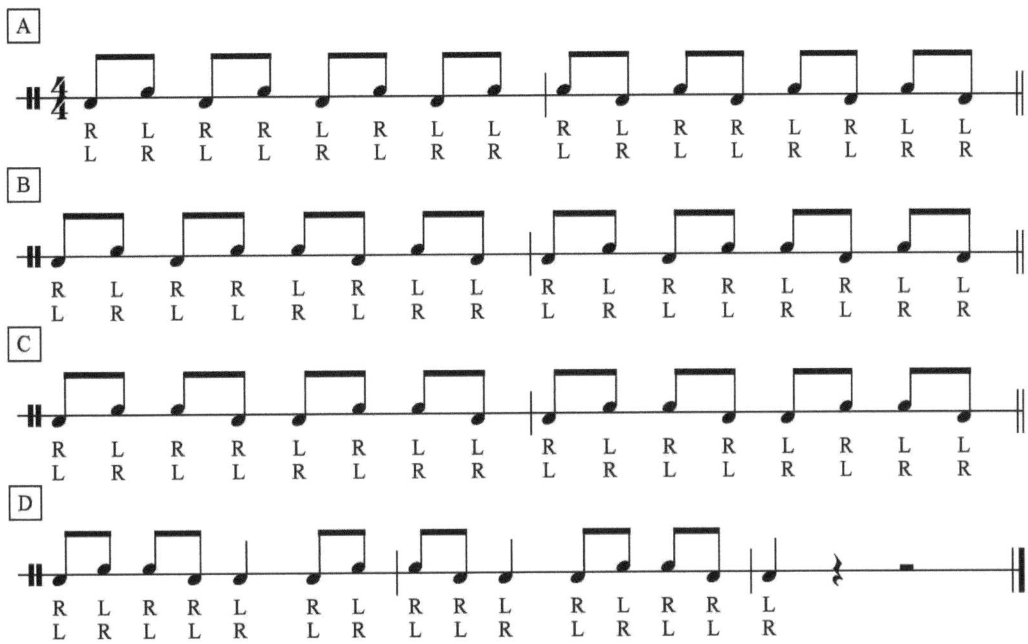

Warm-up 2

Right Hand Lead - Left Hand Lead

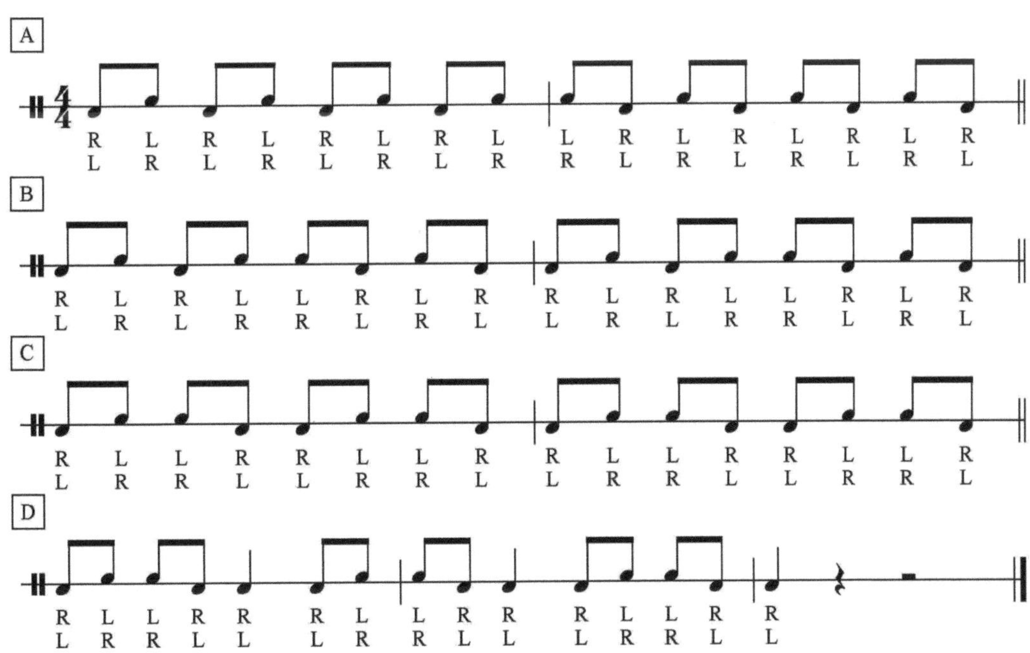

Track 3

Warm-up 3

Single Strokes

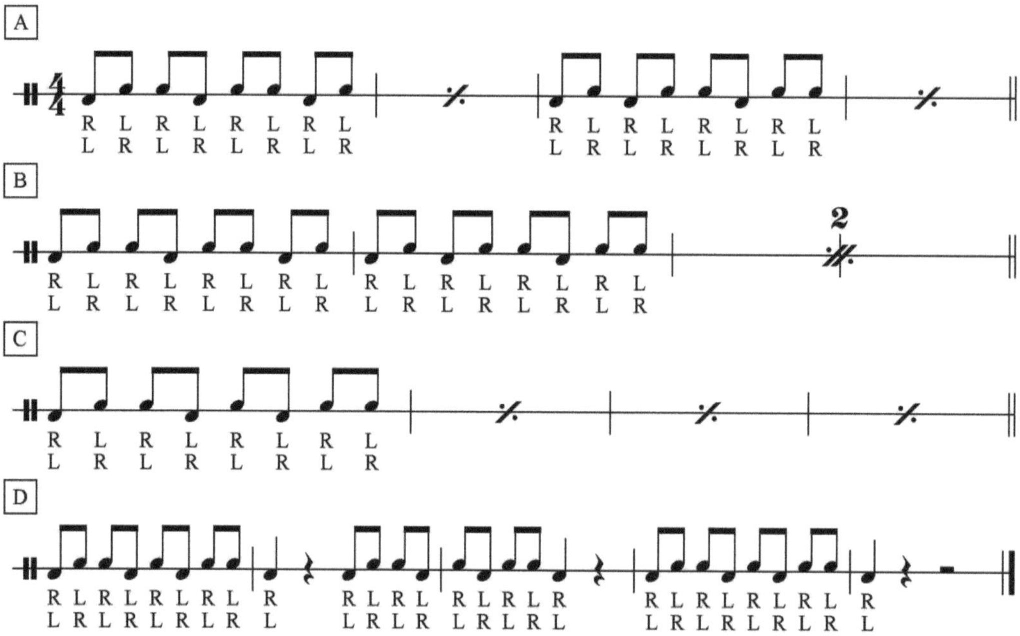

Warm-up 3

Double Strokes

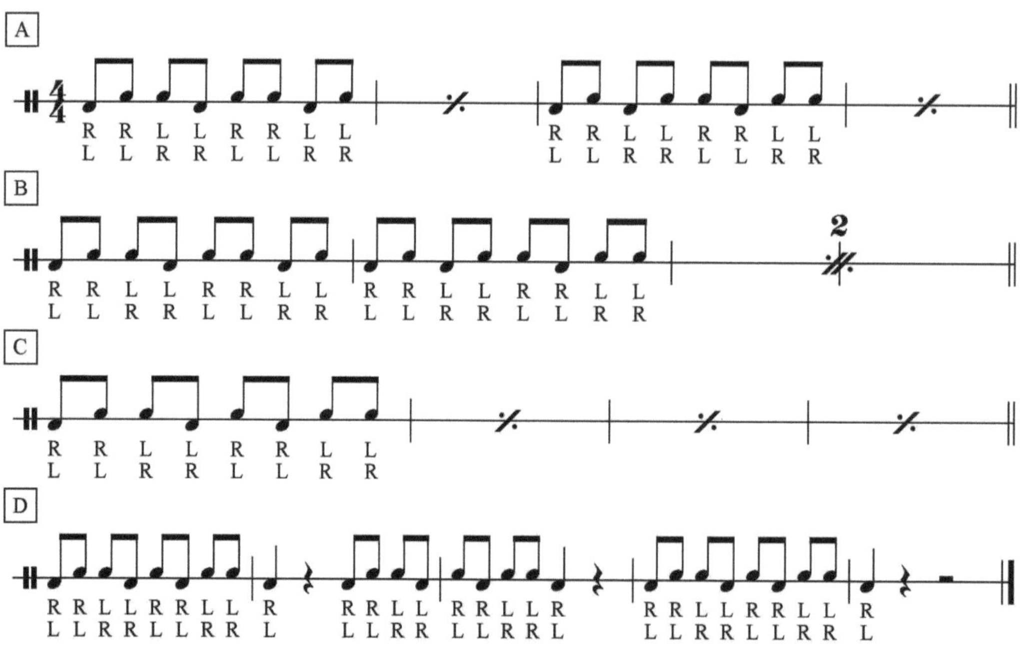

Warm-up 3

Single Paradiddle

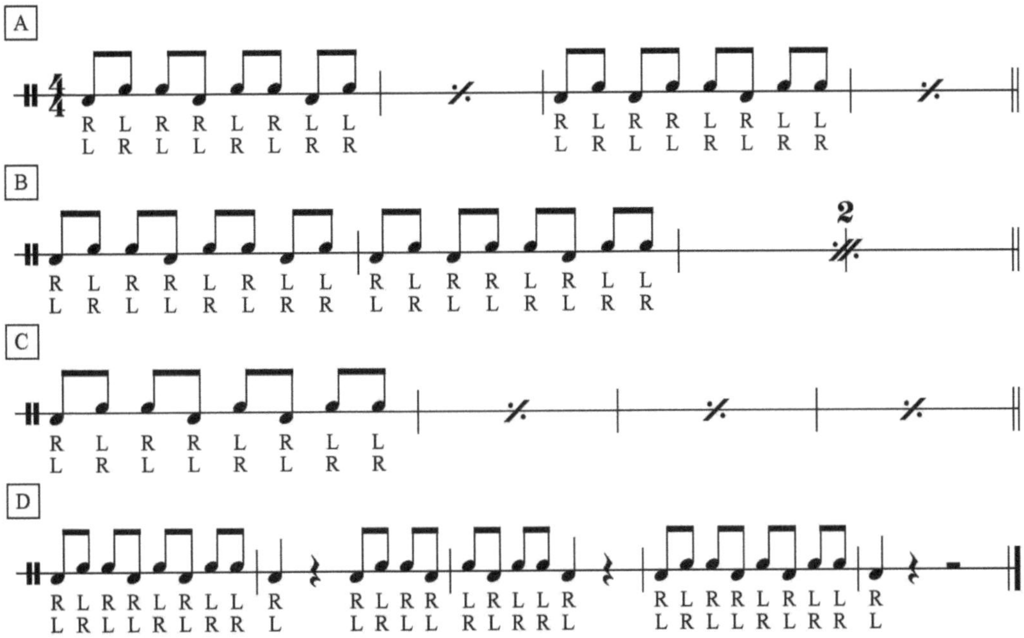

Warm-up 3

Right Hand Lead - Left Hand Lead

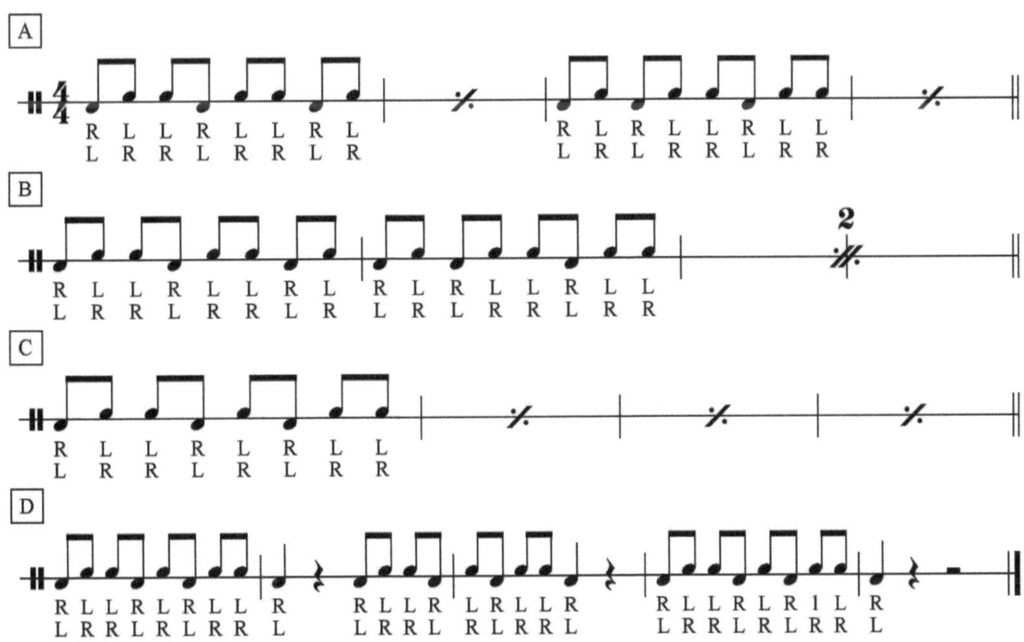

Rock/Pop

Grooves

Die in der Rock und Pop Musik gespielten Rhythmen werden auch als *Grooves* bezeichnet. Bei den *Grooves* 1 bis 4 kann eine Hand *Bass* und die entsprechend andere Hand *Ton* spielen. Die *Grooves* 5 bis 8 sind mit den *Grooves* 1 bis 4 nahezu identisch, mit dem Unterschied, dass sie mit *Ghostenotes* aufgefüllt und vorzugsweise als *Single Strokes* gespielt werden. In diesem Fall können die *Ghostenotes* ganz leise gespielt werden, da sie hauptsächlich den Spielfluss verändern sollen. Ob jede *Ghostenote* zu hören ist, bleibt in diesem Zusammenhang zweitrangig.

Eine genauere Erklärung der Handsätze steht in Kapitel „Warm-up“ (S. 15).

Track 4

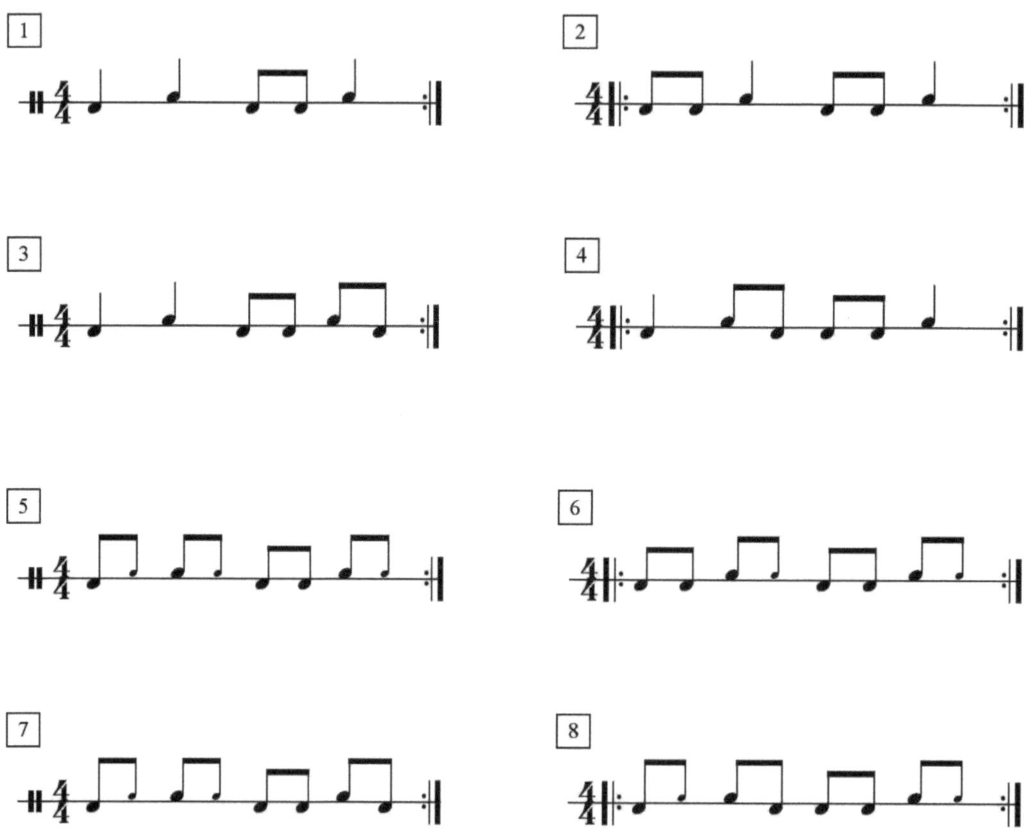

Auf dem mp3 Track 4 werden die *Grooves* 1 bis 4 jeweils vier Takte lang gespielt.

Weitere Grooves stehen in Kapitel „Rhythmus-Aggregate®“ (S. 26ff).

Zweitaktige Grooves

A

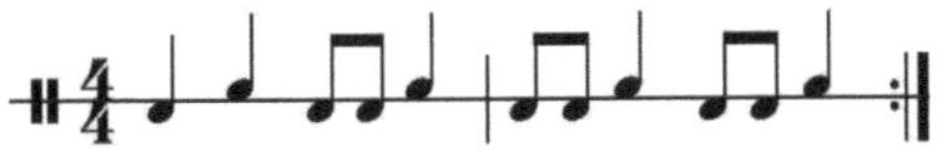

B

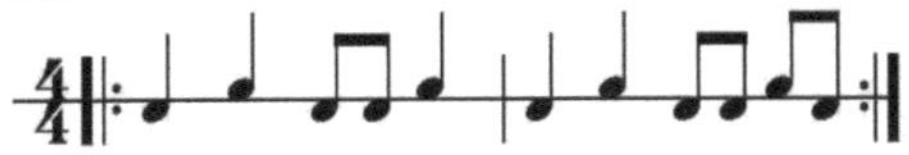

C

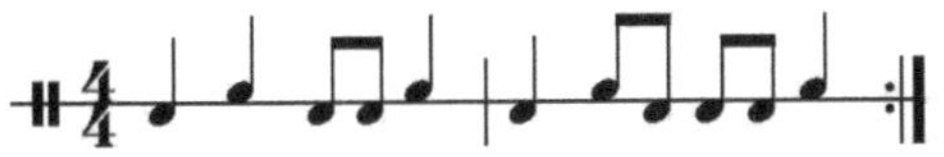

D

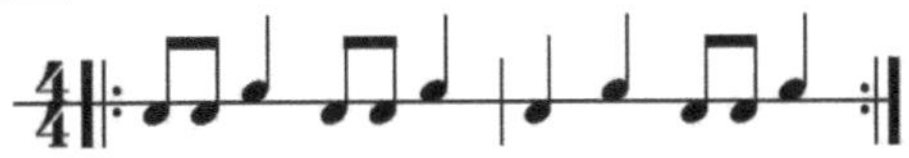

E

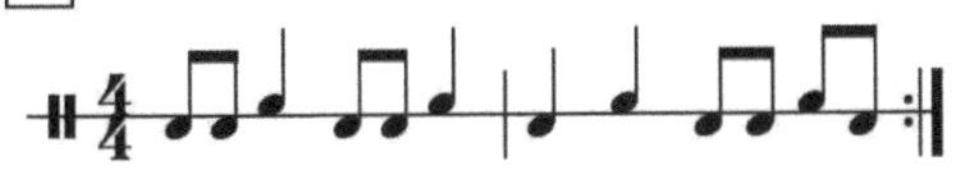

F

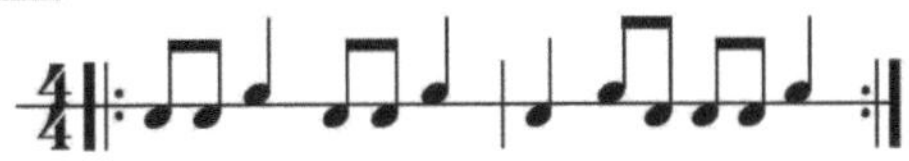

G

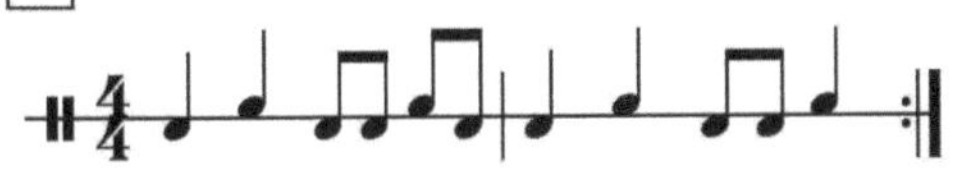

H

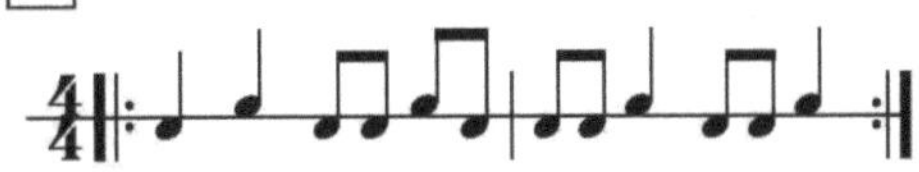

I

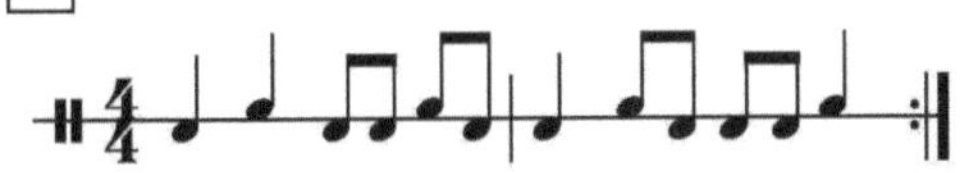

J

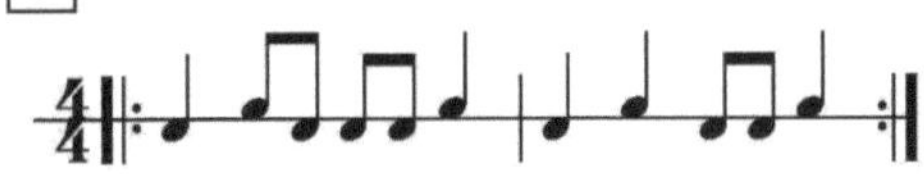

K

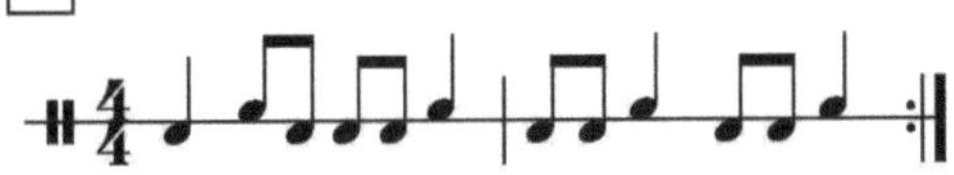

L

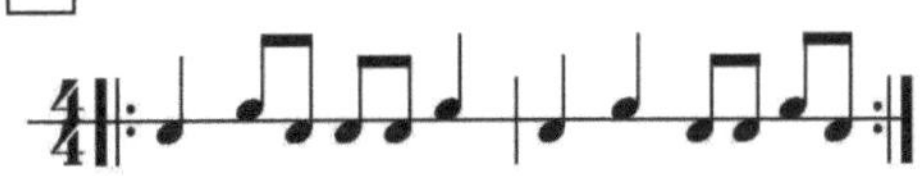

Übungshinweise

- Auf die Klangunterschiede zwischen *Ton, Bass* und *Ghostenotes* achten.
- Es empfiehlt sich mit einer Geschwindigkeit zu beginnen, in der fehlerfrei und entspannt gespielt werden kann. Später kann das Tempo schrittweise geändert werden.
- Auch mit Metronom üben.
- Um eine Klangvorstellung zu bekommen, ist es hilfreich die *Grooves* zu sprechen. Dabei können die Klänge lautmalerisch nachgeahmt werden, z.B. „Bum“ oder „Dum“ für *Bass* und „Tak“ für *Ton*.
- Beim Üben auch laut mitzählen.
- Die *Grooves* A bis L auch mit *Ghostenotes* spielen (vgl. *Groove* 5 bis 8).

Fills

Grooves werden gelegentlich durch mehr oder weniger kurze, kontrastierende Phrasen unterbrochen. Eine solche Phrase wird als *Fill* bezeichnet. *Fills* können komplett notiert sein oder es kann an mit „fill in" gekennzeichnet Stellen dazu aufgefordert werden, eigenständig ein *Fill* zu spielen.
Einzelne Takte der *Warm-ups* können als *Fill* dienen. Die folgenden Beispiele stammen aus *Warm-up* 1. Takte der anderen *Warm-ups* können selbstverständlich auch verwendet werden.
Bei den Beispielen A bis F ist die Struktur identisch: Drei Takte *Groove* 1 und im viertenTakt *Fill.*

Track 5

A

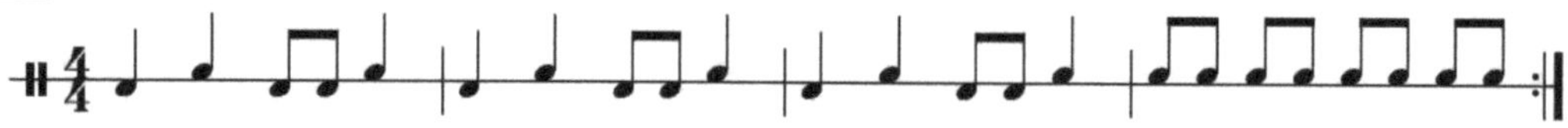

B

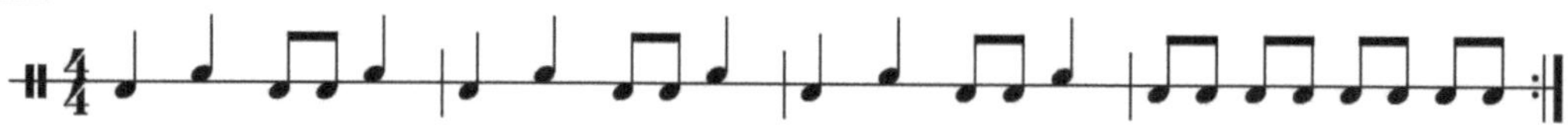

C

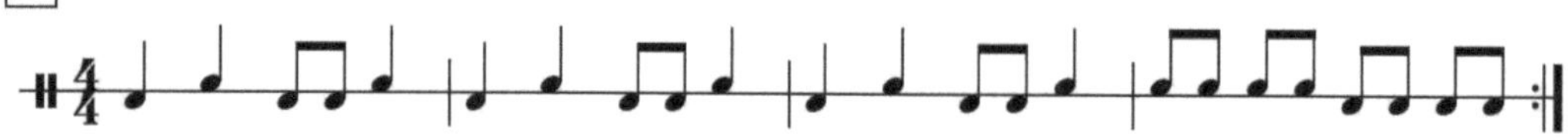

D

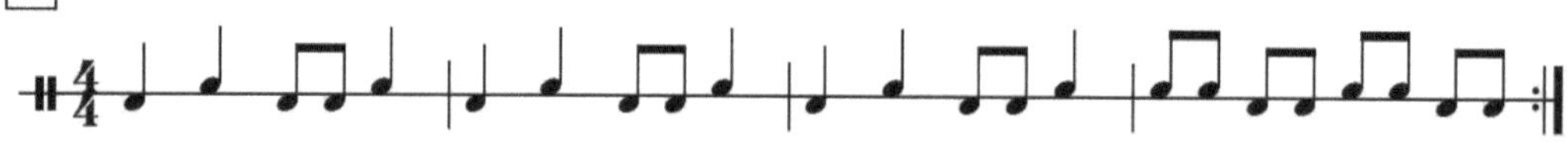

E

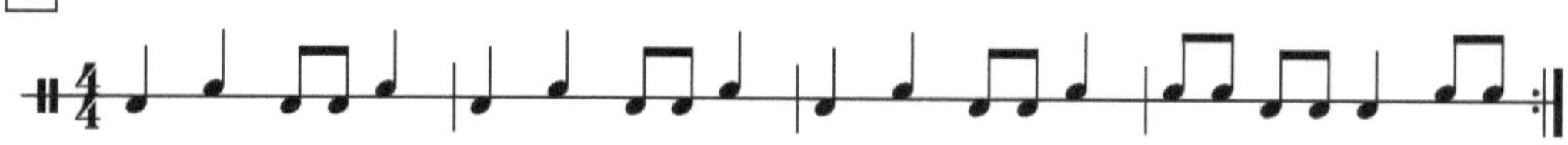

F

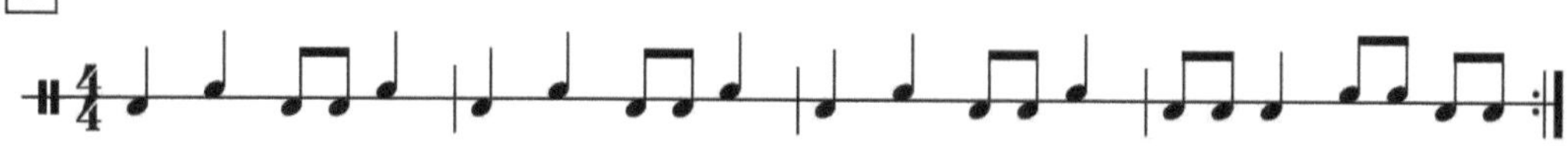

Auf dem mp3 Track 5 werden die Beispiele A bis F ohne Wiederholung hintereinander gespielt. Es empfiehlt sich aber, jedes einzelne Beispiel auch mit Wiederholung zu üben.

Übungshinweise
- Die Beispiele A bis F auch mit den *Grooves* 2 bis 8 spielen.
- Auch längere Phrasen spielen, z.B. sieben Takte *Groove* und im achten Takt *Fill.*

Rhythmus-Aggregate

Die folgenden *Rhythmus-Aggregate*® sind Werkzeuge, mit deren Hilfe weitere *Grooves* und *Fills* gebildet werden können.
Die *Rhythmus-Aggregate*® bestehen aus sich gegenübergestellten Listen, deren Inhalte systematisch miteinander verbunden werden.

Liste 1	Liste 2
1	A
2	B
3	C
4	D

Am Beispiel der oben stehenden Listen soll die Vorgehensweise erläutert werden:
Das erste Element aus Liste 1 wird der Reihe nach mit jedem Element aus Liste 2 kombiniert. Daraus ergeben sich die Kombinationsmöglichkeiten 1A, 1B, 1C und 1D. Anschließend wird das zweite Element aus Liste 1 mit jedem Element aus Liste 2 kombiniert. Das Ergebnis ist 2A, 2B, 2C und 2D. Auf diese Weise wird mit allen weiteren Elementen aus Liste 1 vorgegangen.
Aus oben stehenden Listen ergeben sich demnach 16 Kombinationsmöglichkeiten:
1A, 1B, 1C, 1D
2A, 2B, 2C, 2D
3A, 3B, 3C, 3D
4A, 4B, 4C, 4D

Mit den *Rhythmus-Aggregaten*® der folgenden Seiten soll genauso verfahren werden. In die leeren Notensysteme können die neu entstehenden Rhythmen aufgeschrieben werden.

Rhythmus-Aggregat® 1

Grooves

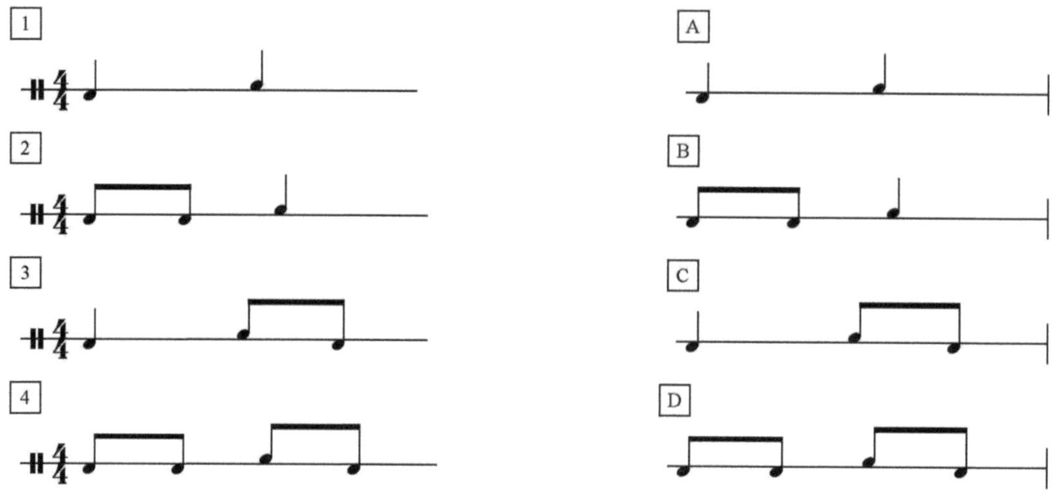

1A

3A

1B

3B

1C

3C

1D

3D

2A

4A

2B

4B

2C

4C

2D

4D

Rhythmus-Aggregat® 2

Grooves

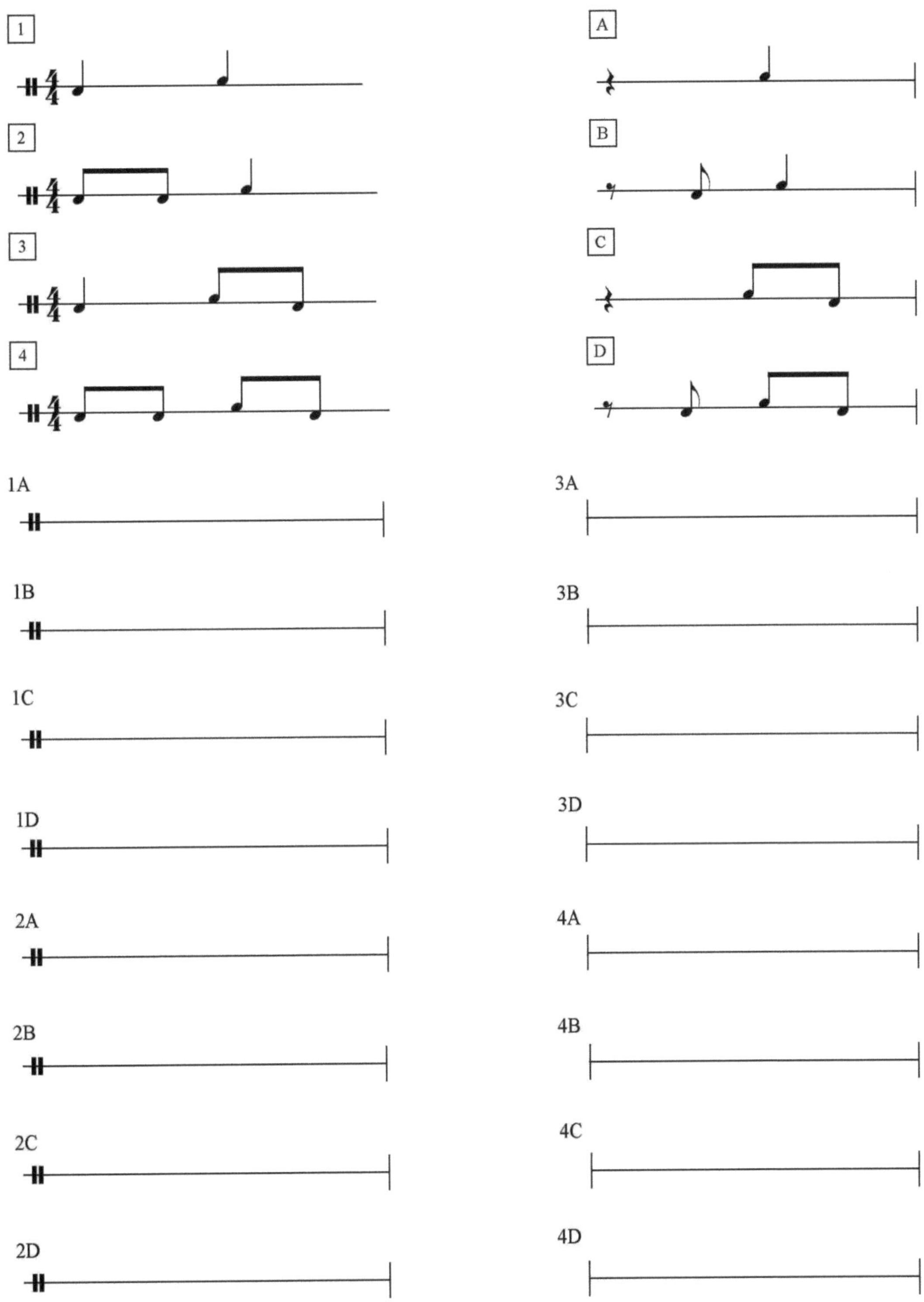

Rhythmus-Aggregat® 3

zweitaktige Grooves

Aus den entstandenen *Grooves* der *Rhythmus-Aggregate*® 1 und 2 lassen sich weitere *Rhythmus-Aggregate*® bilden, die zu einer Vielzahl zeitaktiger *Grooves* führen. Das folgende Beispiel bezieht sich auf *Rhythmus-Aggregat*® 1. Die *Grooves* 1A, 1B, 1C und 1D werden den *Grooves* 2A, 2B, 2C und 2D gegenübergestellt.

1

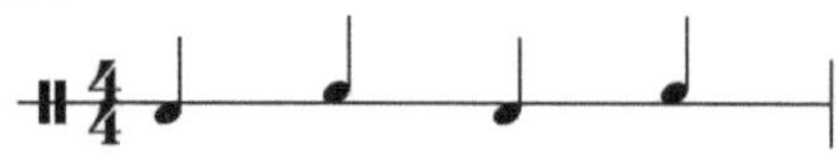

A

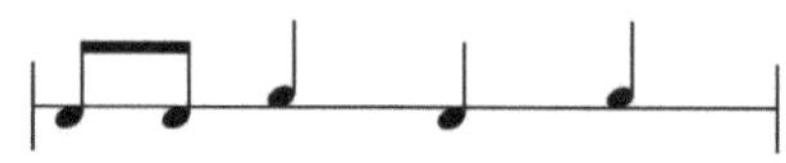

2

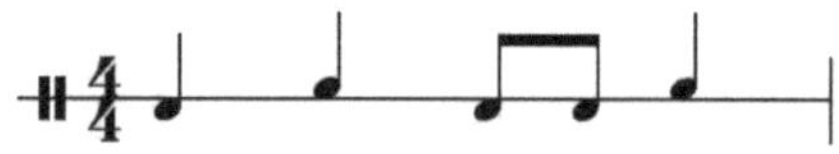

B

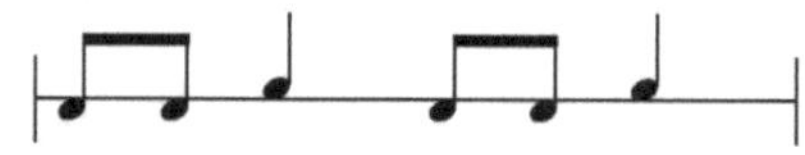

3

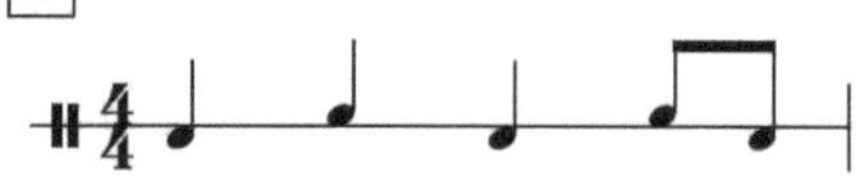

C

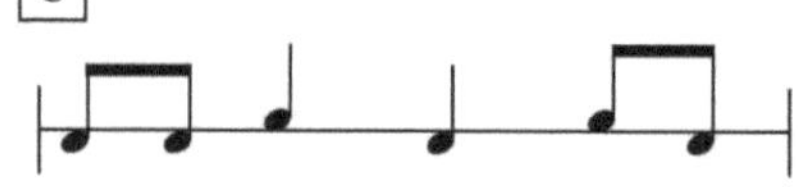

4

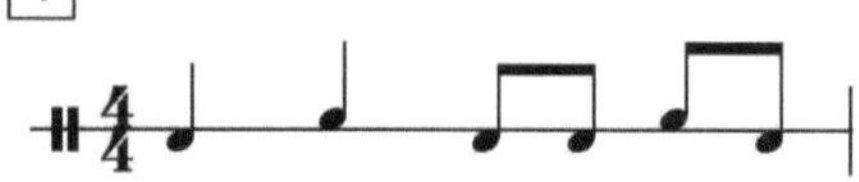

D

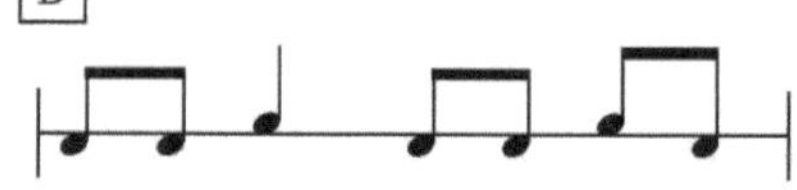

Rhythmus-Aggregat® 4

Als weiteres Beispiel eine Gegenüberstellung der *Grooves* 1A, 1B, 1C, 1D aus *Rhythmus-Aggregat*® 1 und 1A, 1B, 1C, 1D aus *Rhythmus-Aggregat*® 2.

1

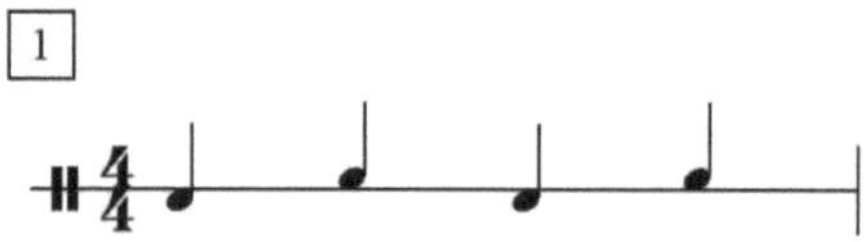

A

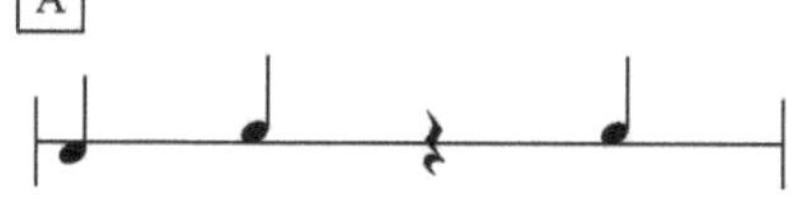

2

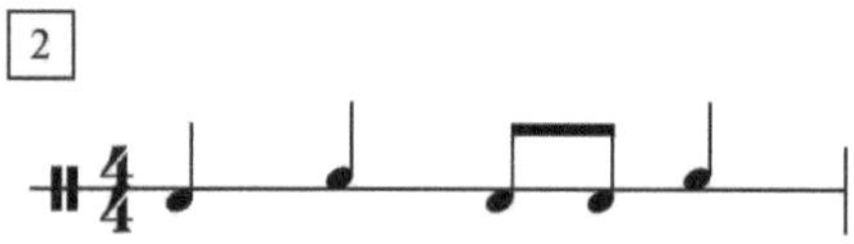

B

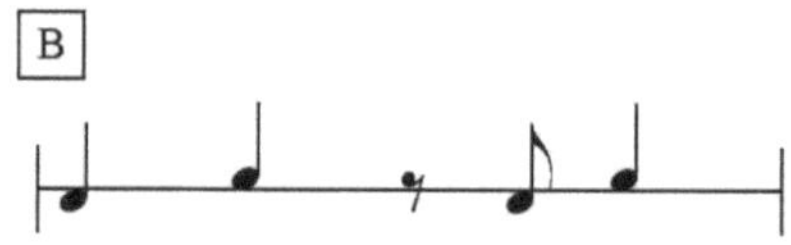

3

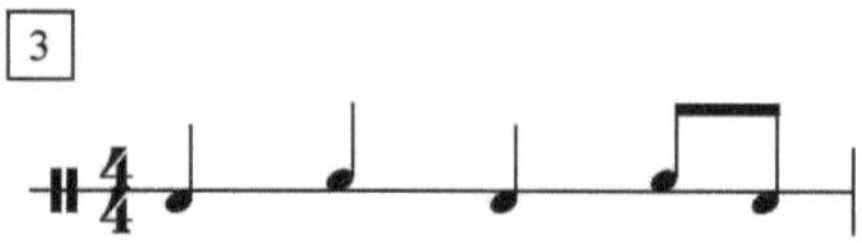

C

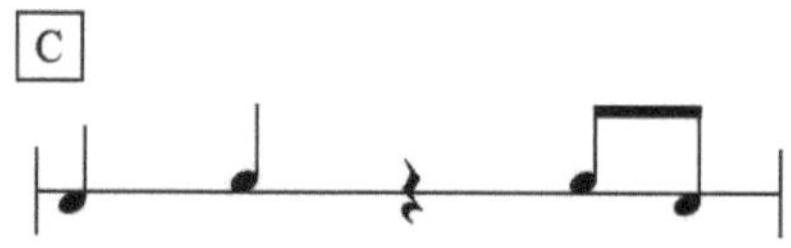

4

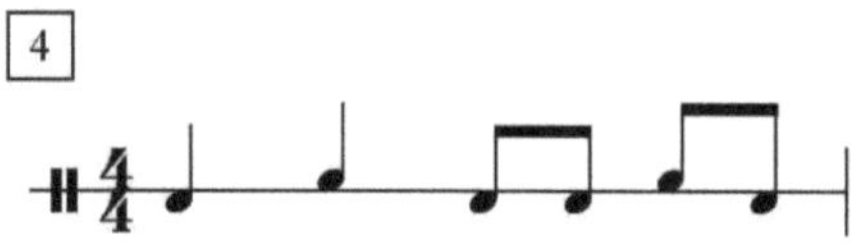

D

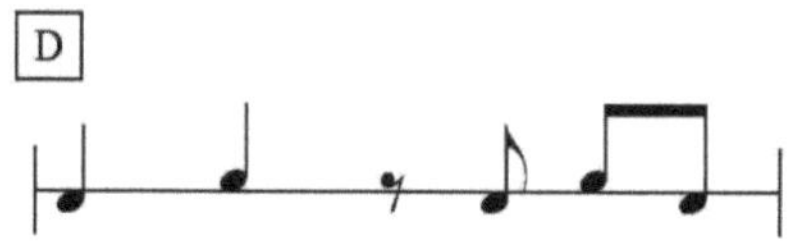

Rhythmus-Aggregat® 5

Fills

Alle Bestandteile dieses *Rhythmus-Aggregates*® stammen aus *Warm-up* 1.

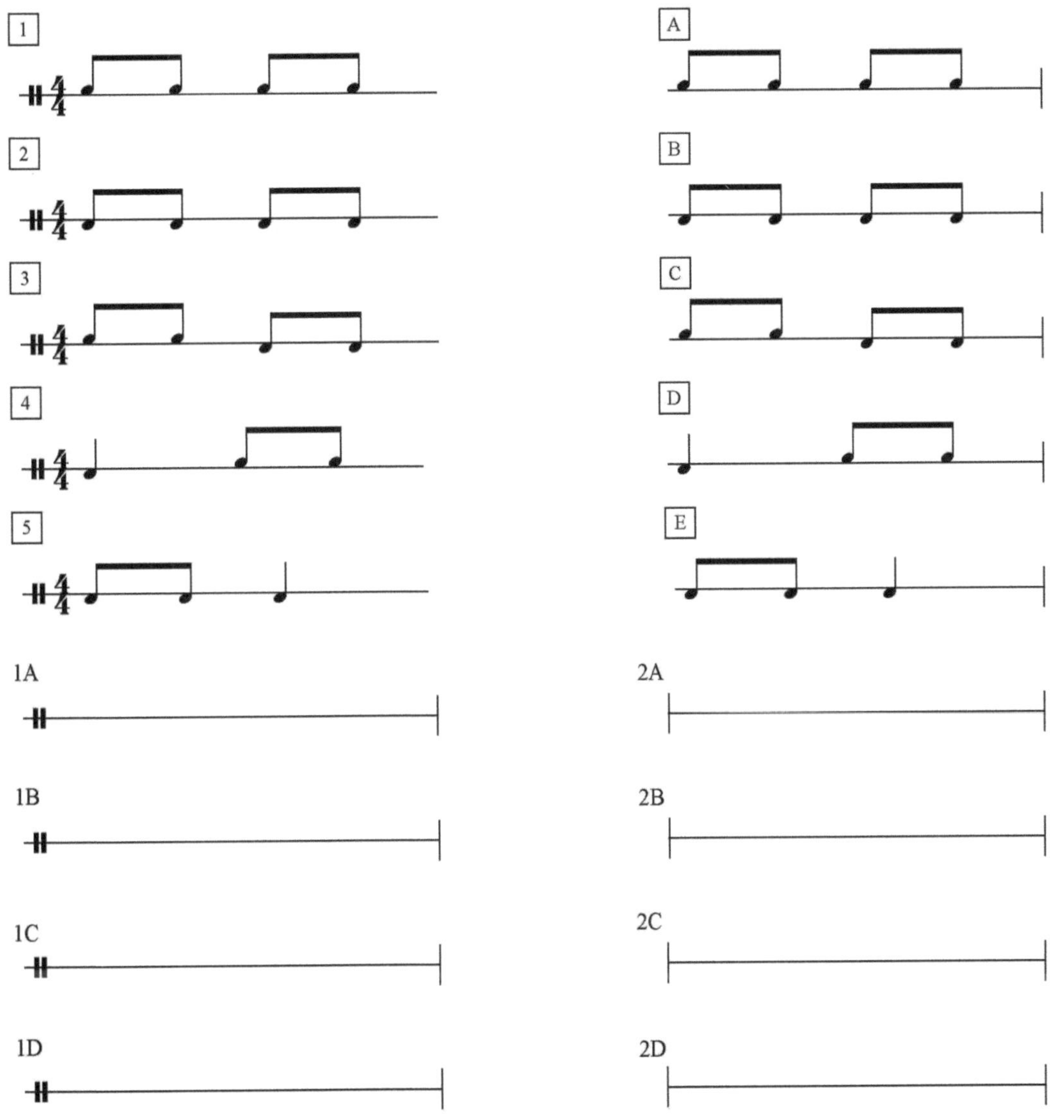

Rhythmus-Aggregat® 5

3A

4A

3B

4B

3C

4C

3D

4D

3E

4E

5A

5B

5C

5D

5E

Rhythmus-Aggregat® 6

Fills

Die Bestandteile 1 bis 5 stammen aus *Warm-up* 1, A bis E aus *Warm-up* 2.

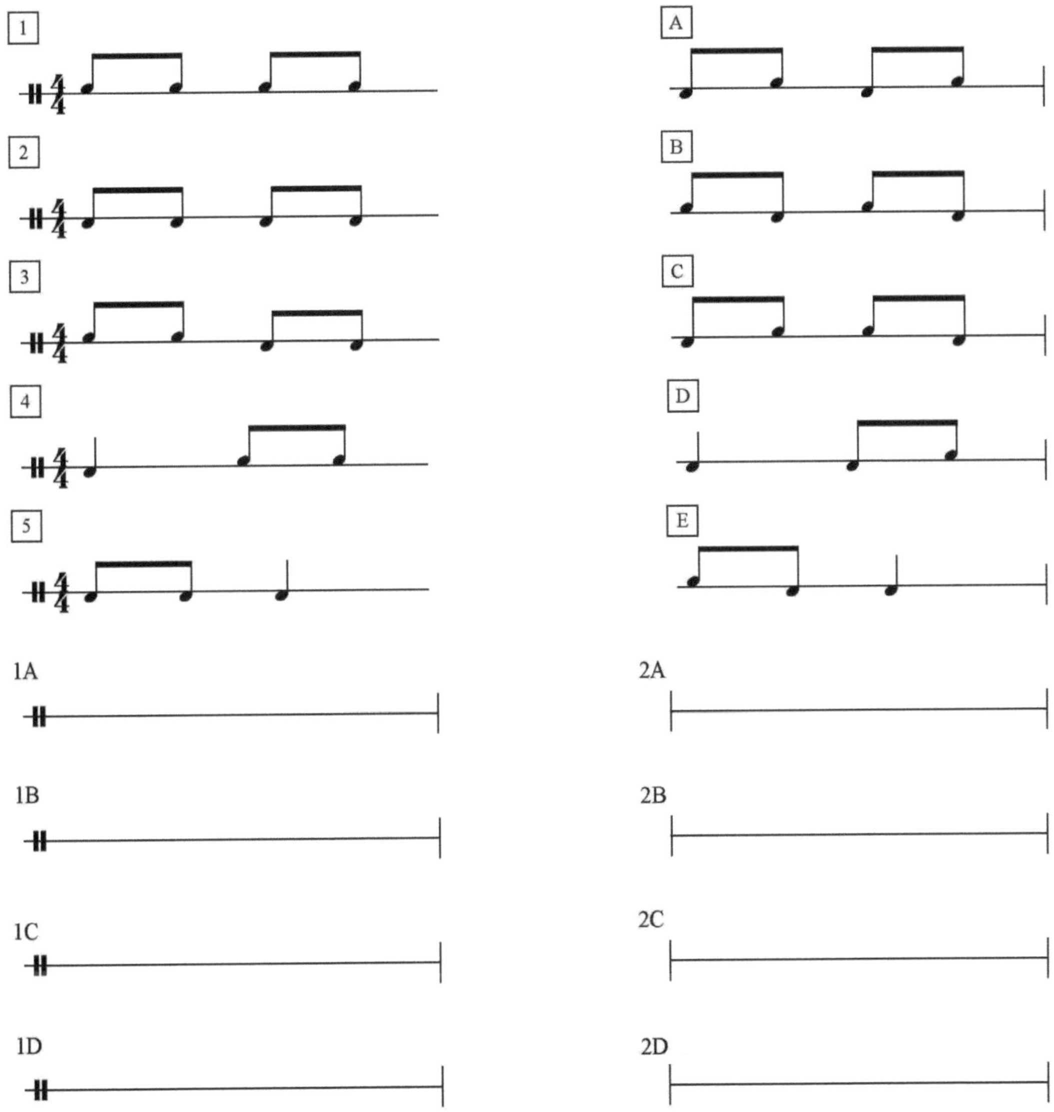

Rhythmus-Aggregat® 6

3A

3B

3C

3D

3E

4A

4B

4C

4D

4E

5A

5B

5C

5D

5E

Übungsinhalte

Mit Hilfe der *Rhythmus-Aggregate®* lassen sich strukturierte Übungsinhalte erstellen. Aufgrund des systematischen Aufbaus erhält man dadurch auch bei fehlender Inspiration jede Menge Übungsmaterial.

Beispiel 1: Grooves

Als Grundlage dienen vier *Grooves*. In unserem Beispiel sind es die ersten vier *Grooves* aus *Rhythmus-Aggregat®* 1.

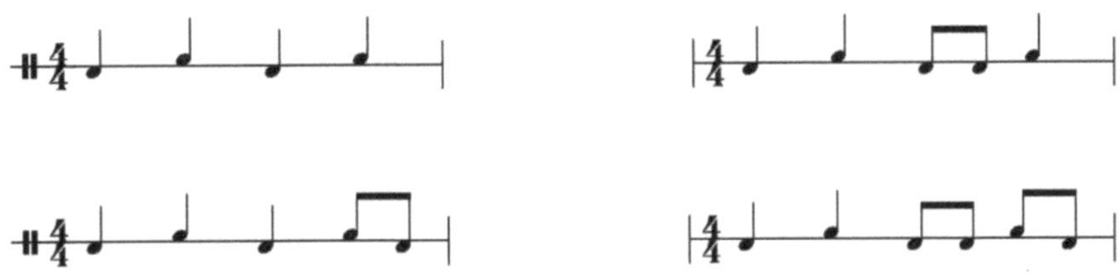

A: Jeder *Groove* wird vier Takte lang gespielt.
B: Jeder *Groove* wird zwei Takte lang gespielt. Diese acht Takte werden wiederholt.
C: Jeder *Groove* wird ein Takt lang gespielt. Diese vier Takte werden insgesamt vier mal gespielt.

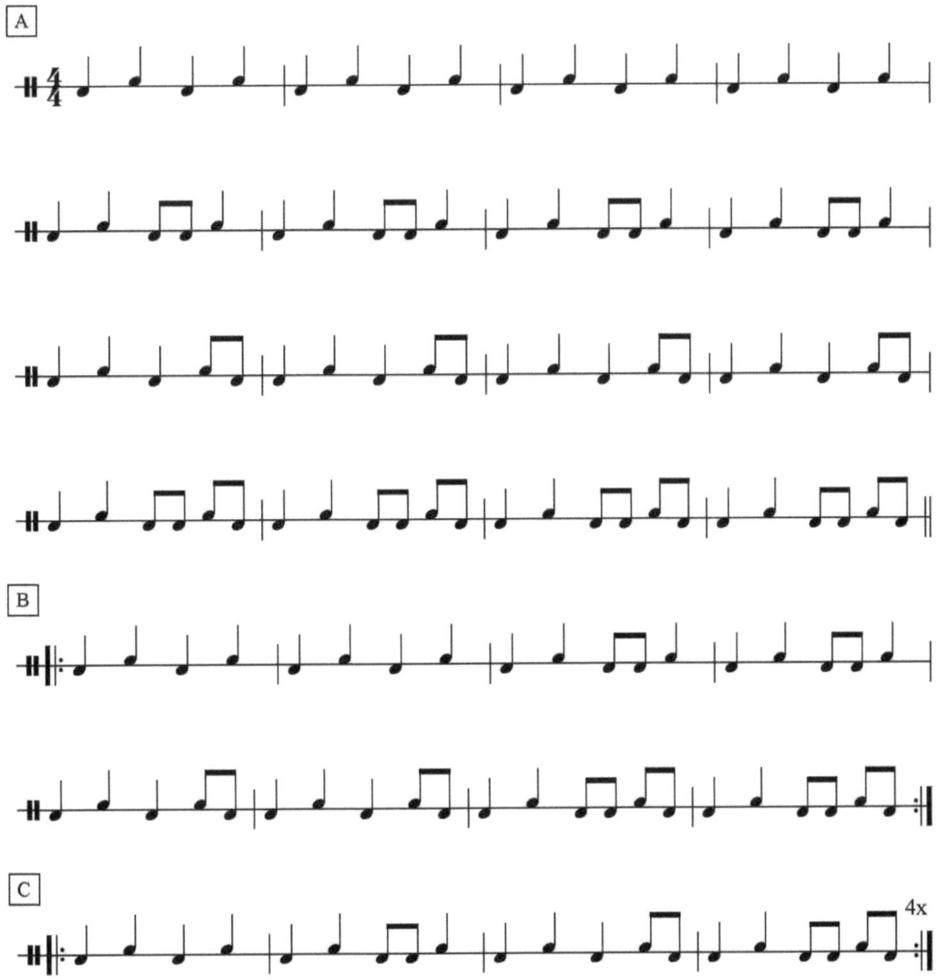

Rhythmus-Aggregate

Beispiel 2: Fills

Aus verschiedenen *Grooves* und *Fills* wird ein neues *Rhythmus-Aggregat*® gebildet. In unserem Beispiel sind es die ersten vier *Grooves* aus *Rhythmus-Aggregat*® 1 und die ersten fünf *Fills* aus *Rhythmus-Aggregat*® 5.

1

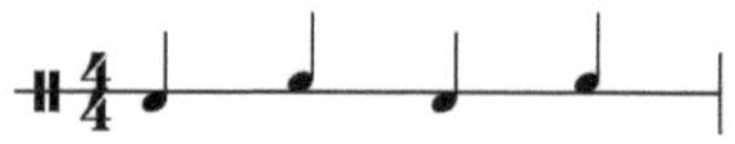

2

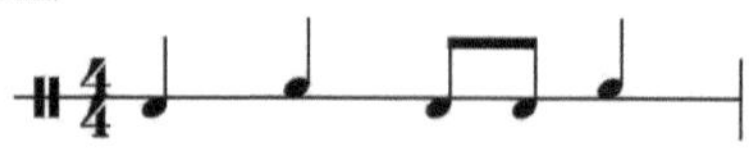

3

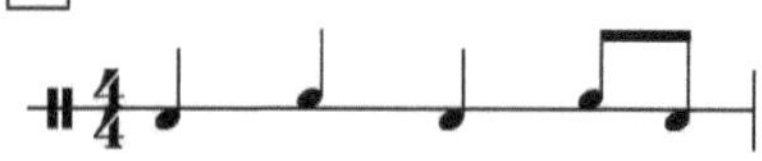

4

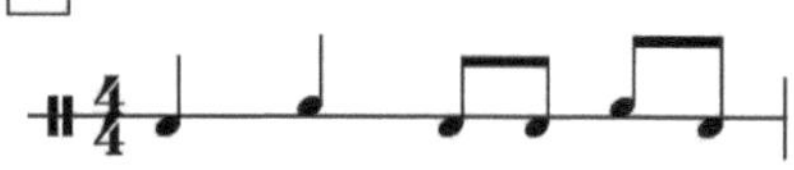

A

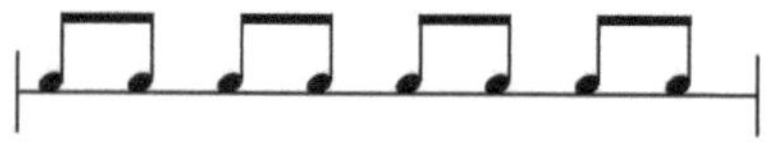

B

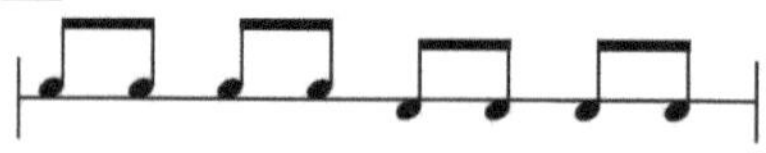

C

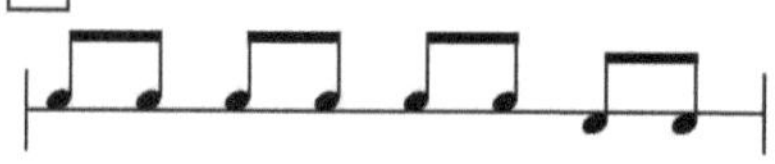

D

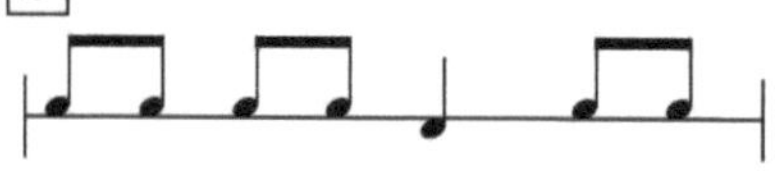

E

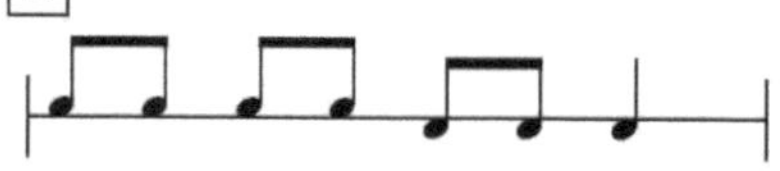

Dieses *Rhythmus-Aggregat*® wird auf die gewohnte Weise durchgearbeitet, mit dem Unterschied, dass nun drei Takte *Groove* und ein Takt *Fill* gespielt werden soll. Die Kombinationen 1A bis 1E sehen dann so aus:

1A

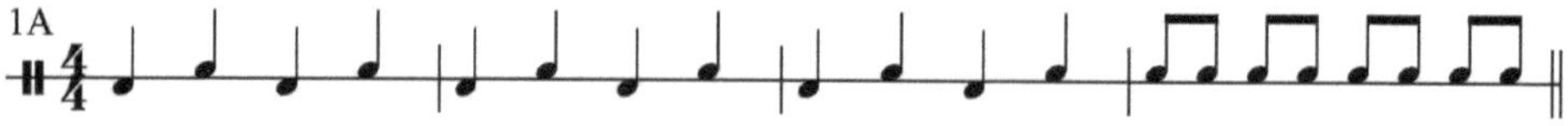

1B

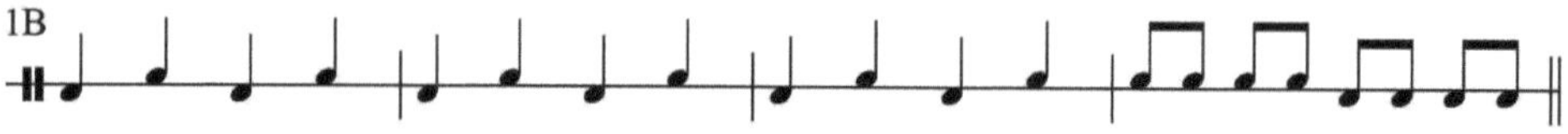

1C

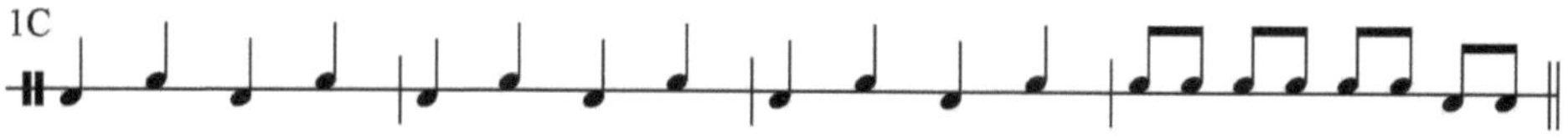

1D

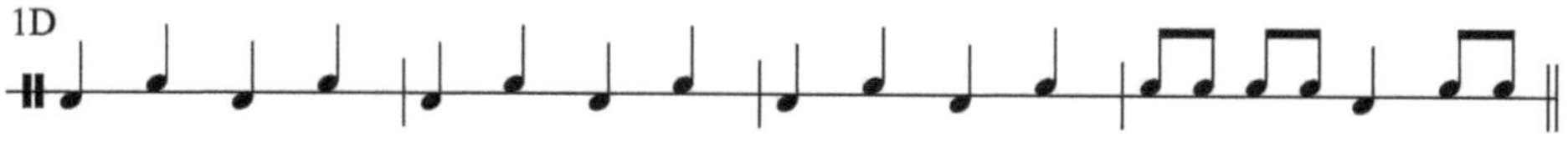

1E

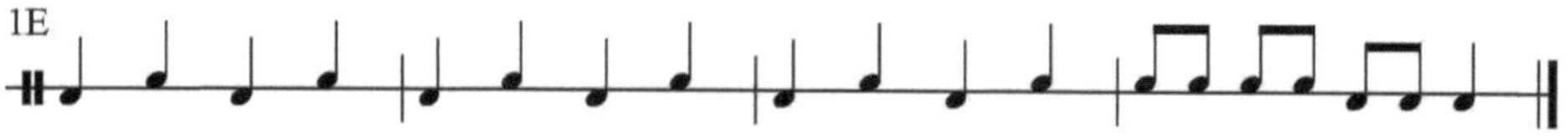

Nach Art der Qaida

Qaida ist der Name einer Kompositionsform aus dem Solorepertoire der nordindischen Tabla. Eine Qaida besteht aus einem Thema, welches nach bestimmten Regeln variiert wird. Weiterhin wird jede Qaida mit einem Tihai abgeschlossen, eine Phrase die dreimal wiederholt wird und auf „1" endet.
Die im Kapitel „*Nach Art der Qaida*" stehenden Soli und das Duett sind durch das Konzept „Qaida" inspiriert.
Die Wahl des Handsatzes sowie der Gebrauch von *Ghostenotes* sind freigestellt.

Solo 1

Track 6

Musik: Andreas Wohlfahrt

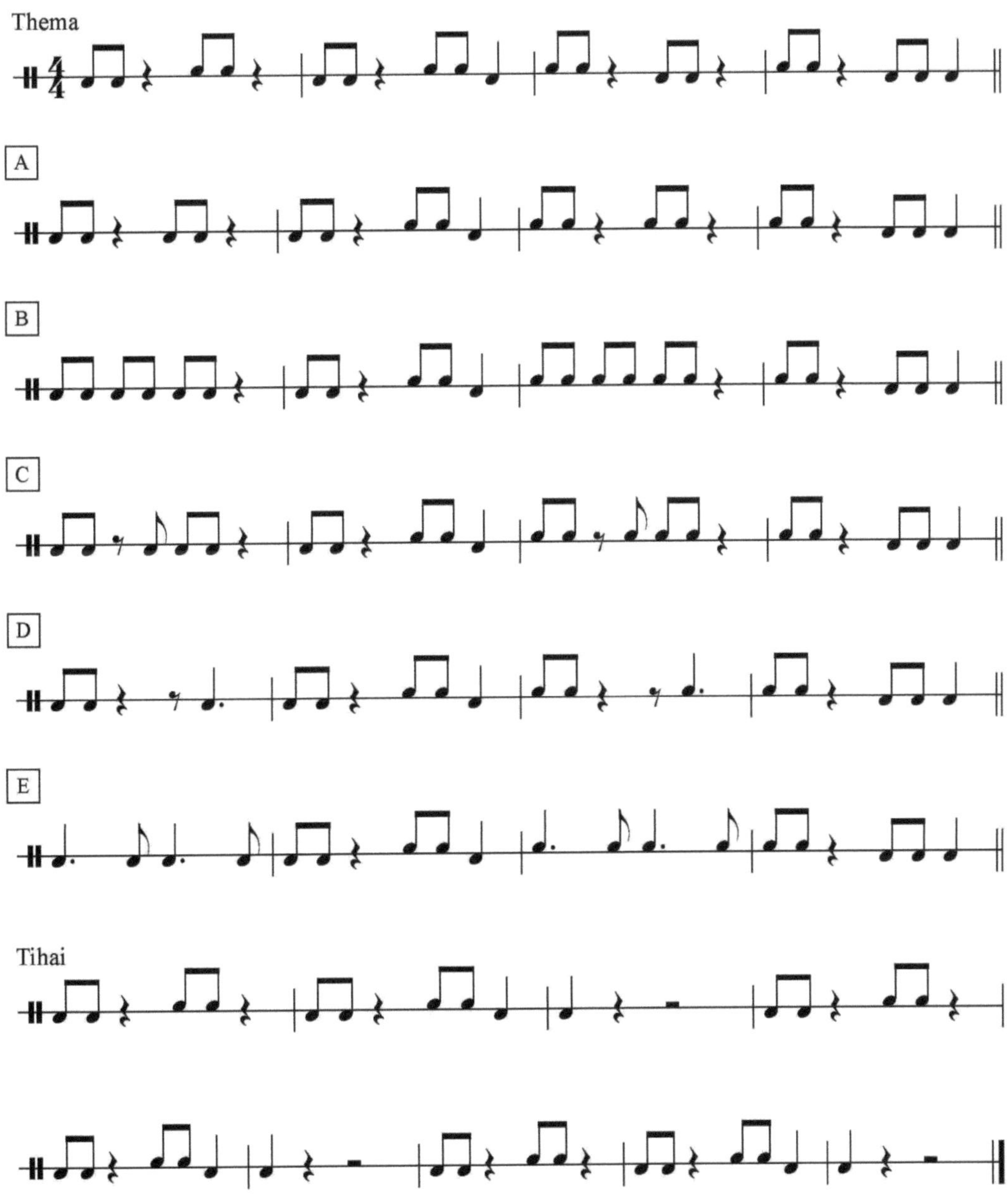

Nach Art der Qaida

Bei Bedarf kann das Tihai der beiden Soli mit *Klack* ergänzt werden.
Folgendes Beispiel bezieht sich auf *Solo* 1:

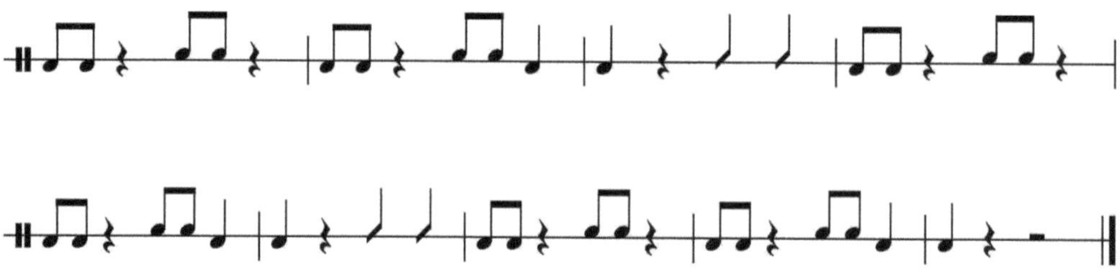

Alternativ dazu können diese *Klack*-Schläge durch klatschen, stampfen sprechen, rufen o.Ä. ersetzt werden.

*Solo*1 und 2 können sowohl unbegleitet als auch begleitet gespielt werden.

```
In „Performance 2“ (mp3 Track 31) sind beide Soli
unbegleitet zu hören. In „Performance 3“ (mp3 Track
32) und „Performance 5“ (mp3 Track 36) wird Solo 1
mit Begleitung gespielt.
```

Solo 2

Track 7

Musik: Andreas Wohlfahrt

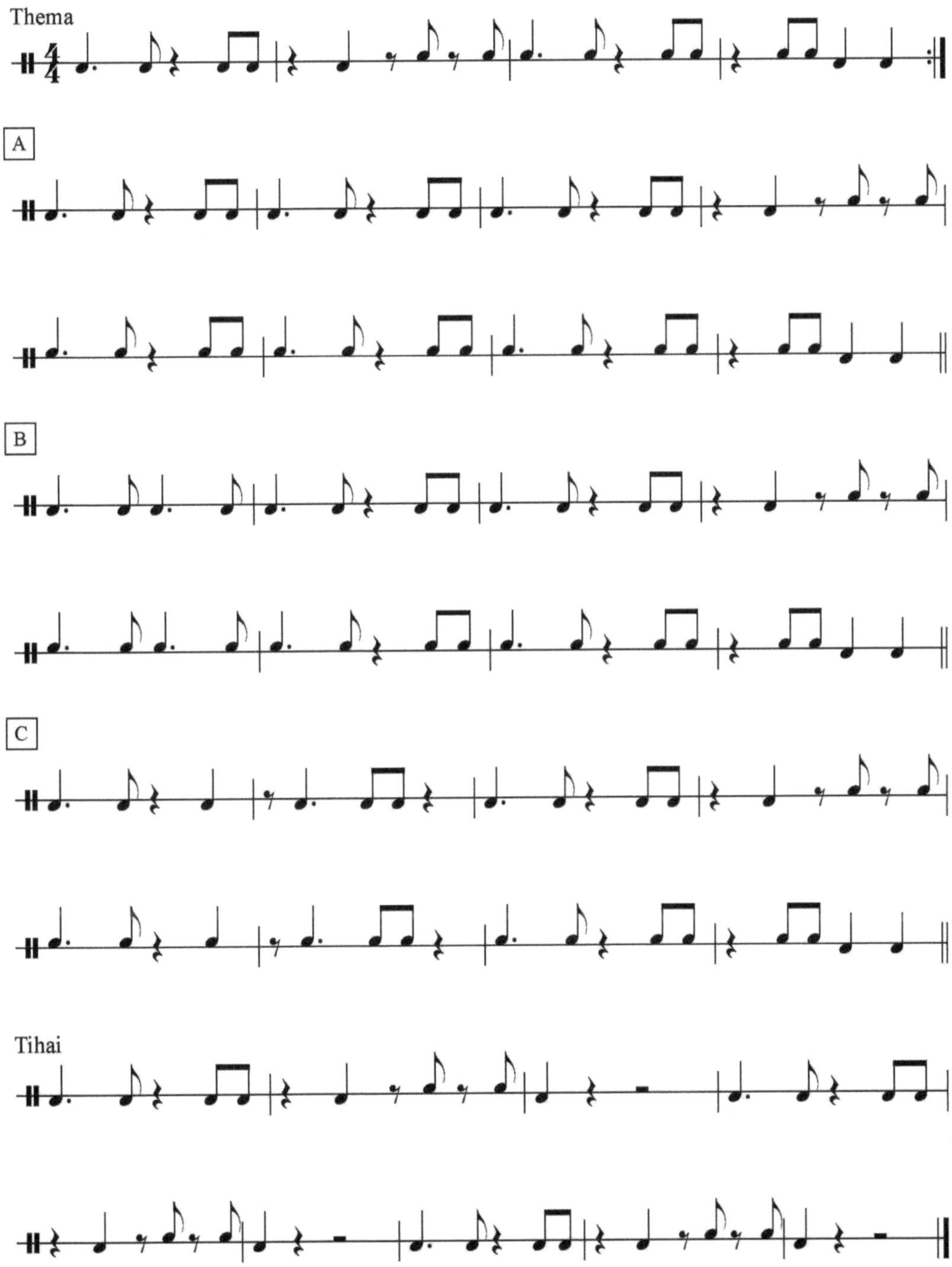

Duett

Track
8 - 10

Musik: Andreas Wohlfahrt

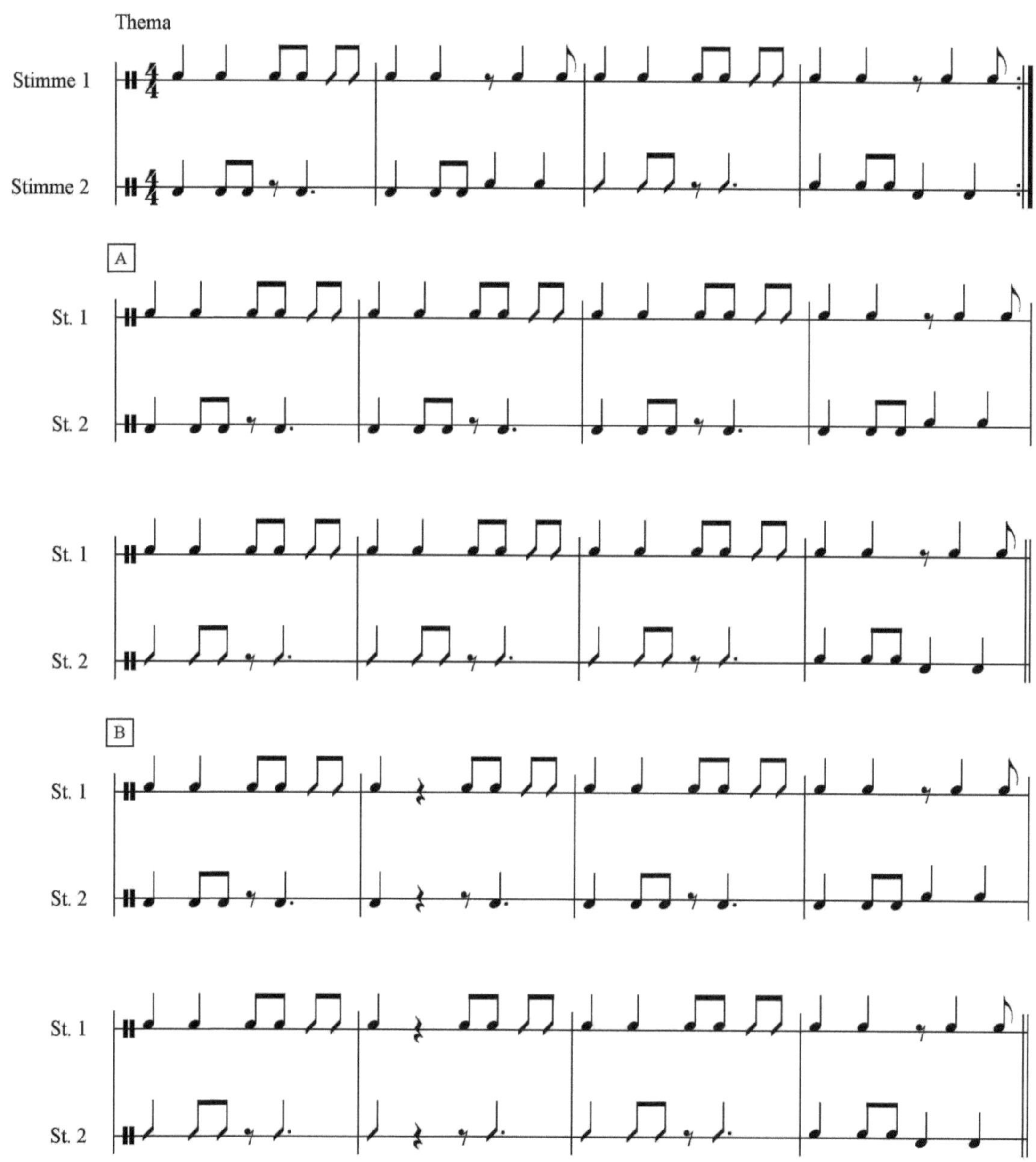

Nach Art der Qaida

Duett Seite 2

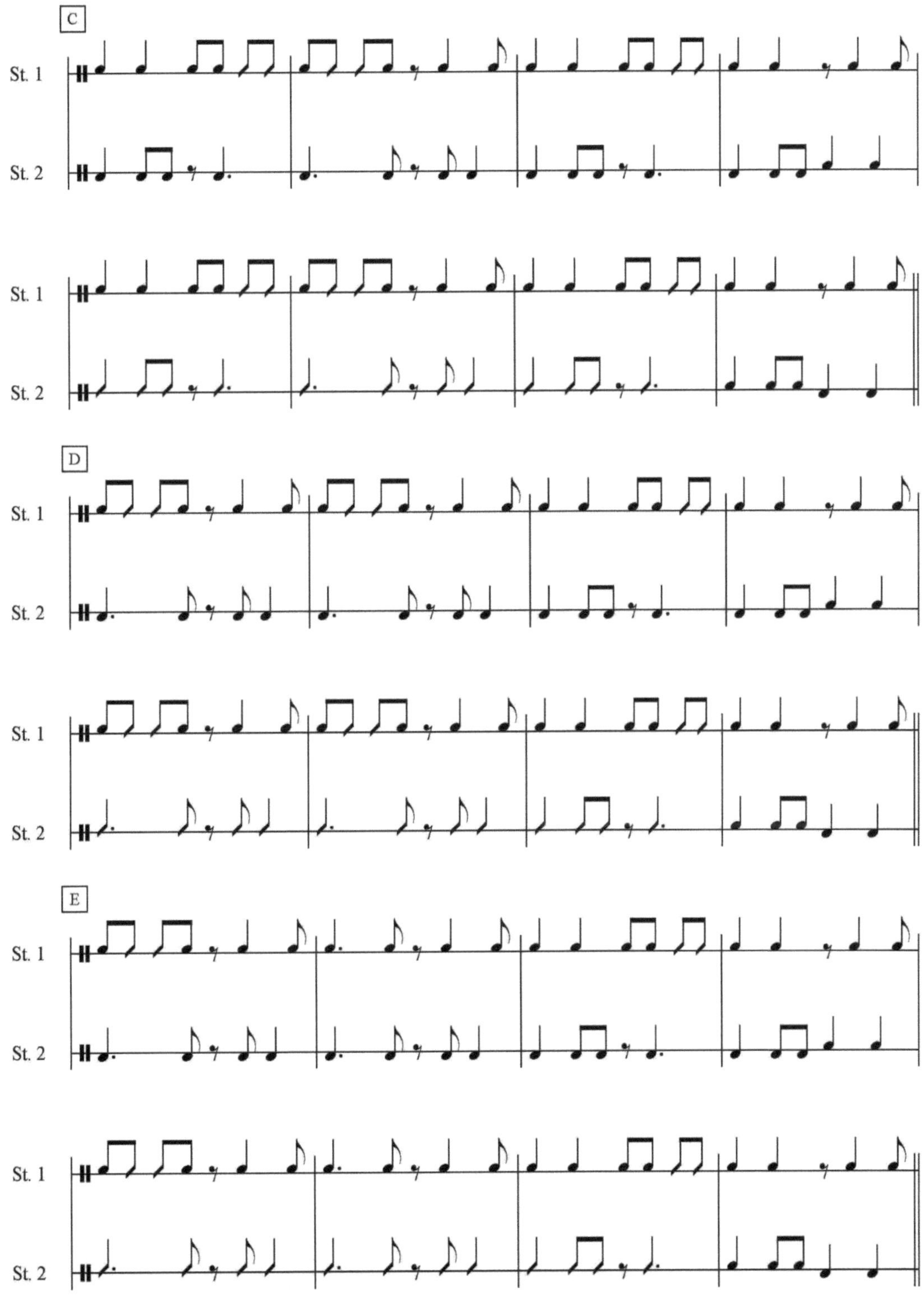

Nach Art der Qaida

Duett Seite 3

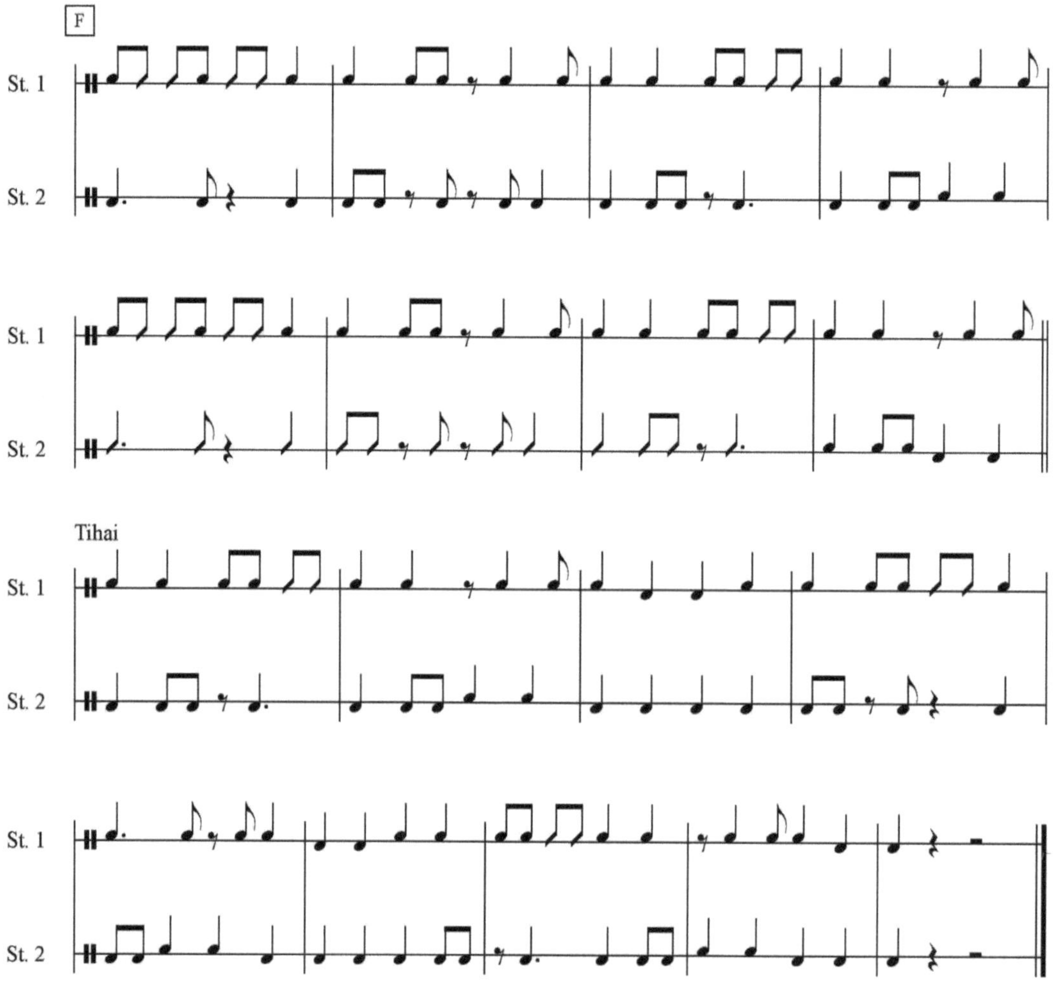

Ein „Allerweltsrhythmus“

Die Rhythmen A bis H sind in ihrer Struktur identisch. Sie unterscheiden sich lediglich in der Anordnung von *Bass* und *Ton*. In vielen Musikkulturen der Welt kommen Rhythmen mit dieser Struktur vor, auch wenn die jeweiligen kulturellen Zusammenhänge unterschiedlich sind und eine Notation von der hier gewählten Darstellung abweichen kann. Als Beispiele seien der brasilianische Rhythmus Baião, orientalische Rhythmen wie Saudi und Malfuf, die spanische Rumba, Second Line aus New Orleans inklusive dadurch beeinflusster Musik (z.B. „Hey Pocke A-Way“ von The Meters) und zur Entstehungszeit des vorliegenden Buches aktuelle Popsongs (z.B: „Shape Of You“ von Ed Sheeran) genannt.
Allein aufgrund des weltweiten Vorkommens dieser Rhythmusstruktur wurde das Kapitel mit *„Allerweltsrhythmus“* überschrieben, womit dieser Begriff hier vollkommen wertfrei verwendet wird.

A

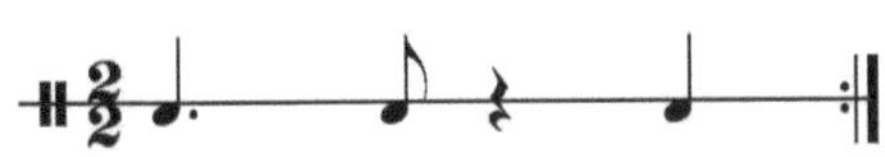

B

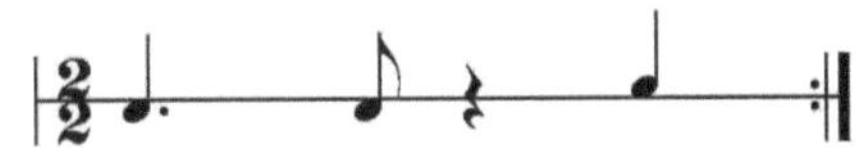

C

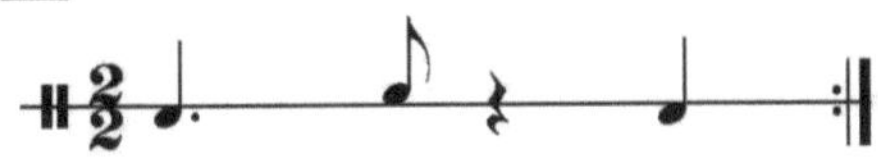

D

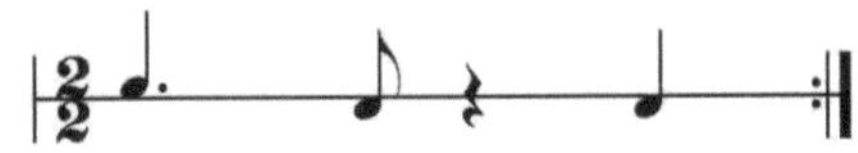

E

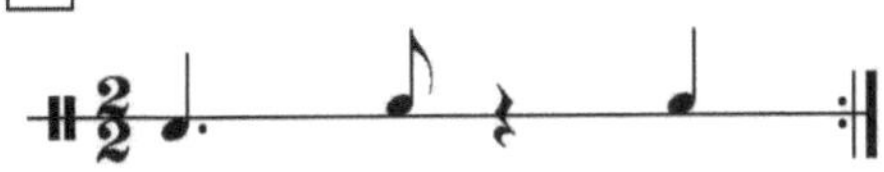

F

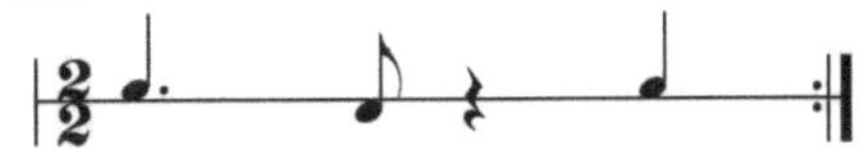

G

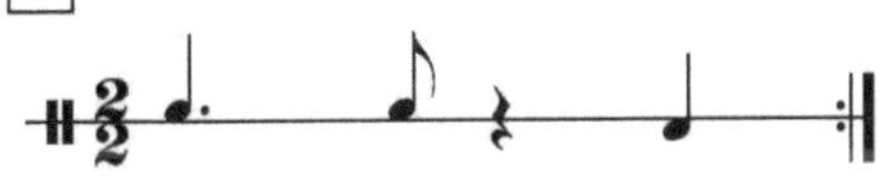

H

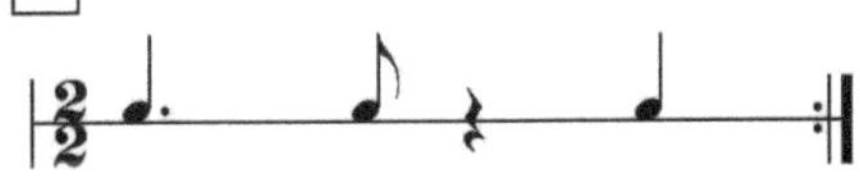

In Kapitel „Malfuf“ (S. 43f) werden am Beispiel E einige Anwendungsmöglichkeiten gezeigt. Warm-up 3 basiert ebenfalls auf dieser Rhythmusstruktur.

Ein „Allerweltsrhythmus“

Durch Auslassen oder Zufügen einzelner Schläge können neue Rhythmen entstehen, die ebenfalls gebräuchlich sind. Wird beispielsweise der erste Schlag des Rhythmus A ausgelassen, klingt ein Bass-Rhythmus namens Tumbao, der in einigen kubanischen Musikstilen gespielt wird.

I

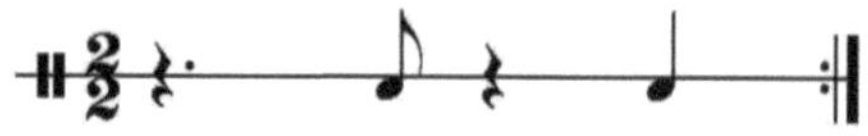

Wird bei Rhythmus B auf Zählzeit „1+“ zusätzlich *Ton* gespielt, entspricht das einer Variante des bereits erwähnten Baião.

J

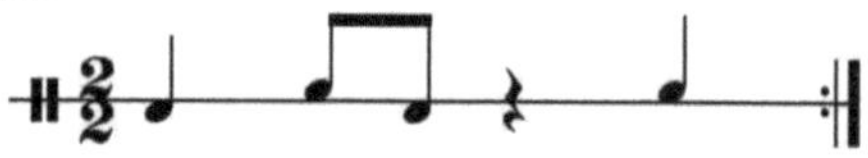

Wird bei Rhythmus E auf Zählzeit „2“ zusätzlich *Bass* gespielt, entsteht ein Rhythmus, der im orientalischen Tanz als Ayub bekannt ist, aber auch in Titeln der populären Musik wie „Ai Se Eu Te Pego!“ von Michel Teló zu hören ist.

K

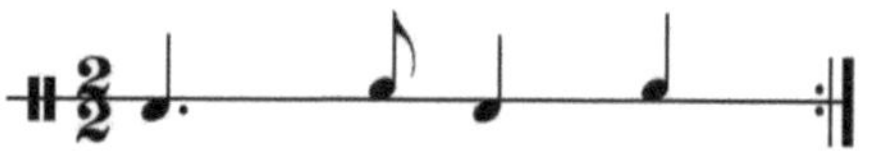

Beispiel L entspricht Rhythmus E mit einem zusätzlichen *Ton* auf Zählzeit „2d“.

L

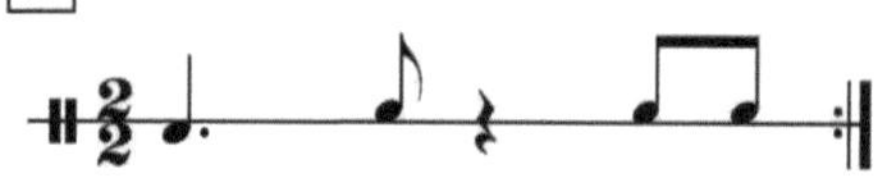

Malfuf

Malfuf ist der Name eines Rhythmus aus Ägypten und dem nahen Ostens, welcher z.B. zur Tanzbegleitung gespielt wird.
Der Grundrhythmus des Malfuf wird auf traditionell gebräuchlichen Instrumenten wie Darbuka oder Riq mit nur einer Hand gespielt. Daher empfiehlt es sich, dies anfangs auch auf die Cajón zu übertragen.

Grundrhythmus[1]

Track 11

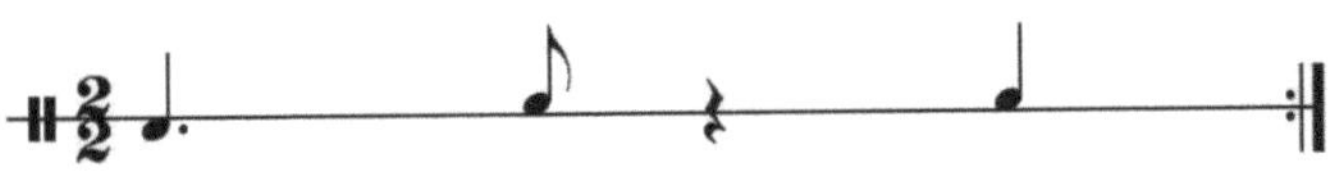

Verzierungen

1

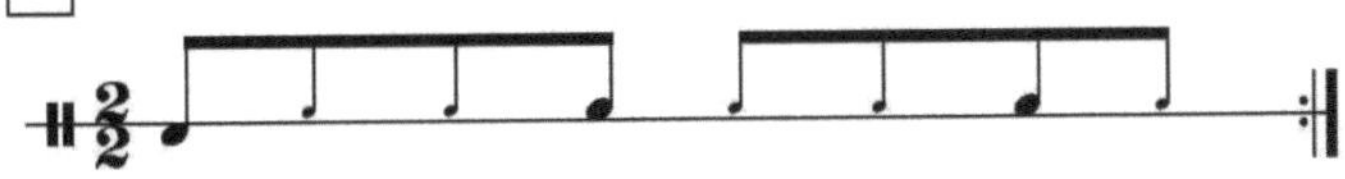

2

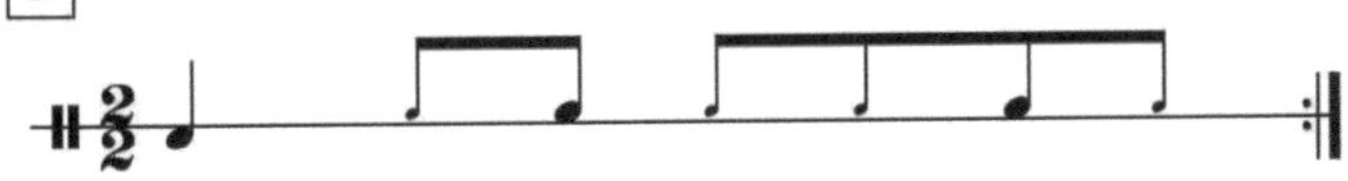

3

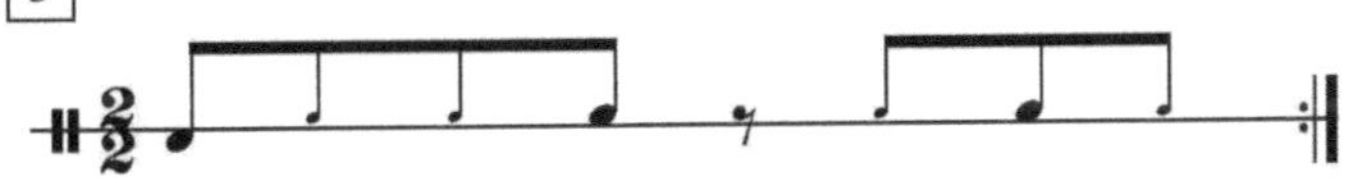

4

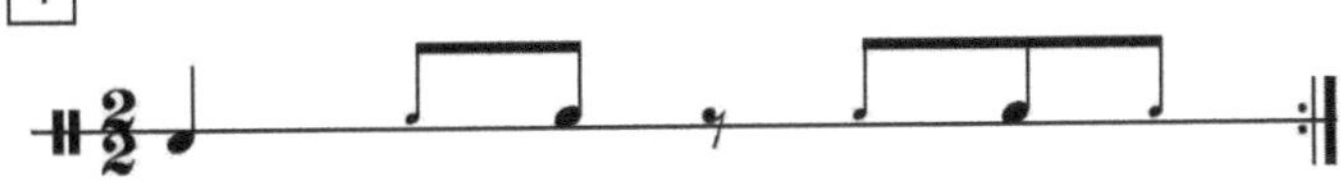

Die *Ghostenotes* bei den Verzierungen werden mit der entsprechend anderen Hand gespielt. Sie sind dabei elementare Bestandteile des Rhythmus und sollten so laut gespielt werden, dass jede einzelne *Ghostenote* zu hören ist. Dennoch sollen sie leiser klingen als *Ton*.

Auf dem mp3 Track 11 sind der Grundrhythmus und die Verzierungen 1 bis 4 zu hören. Jeder Rhythmus wird viermal gespielt, bevor zum nächsten gewechselt wird.

[1] Malfuf wird in vielen Quellen im 2/4 Takt notiert. Aus didaktischen Gründen ist dieser Rhythmus hier allerdings im 2/2 Takt aufgeschrieben.

Zweitaktige Phrasen

A

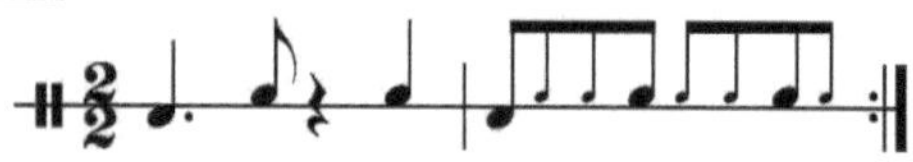

B

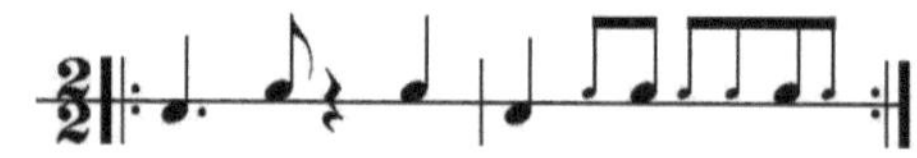

C

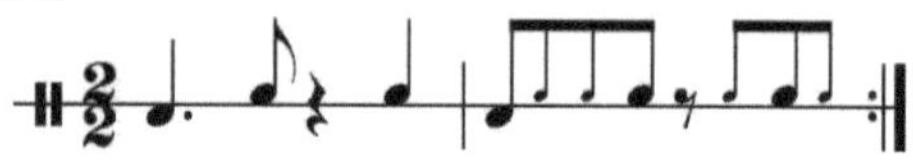

D

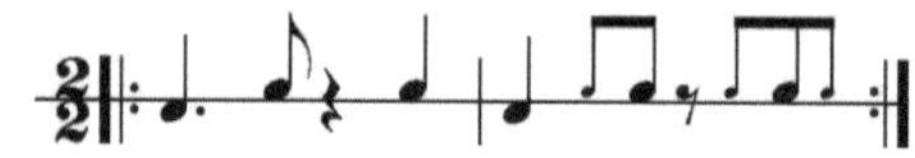

E

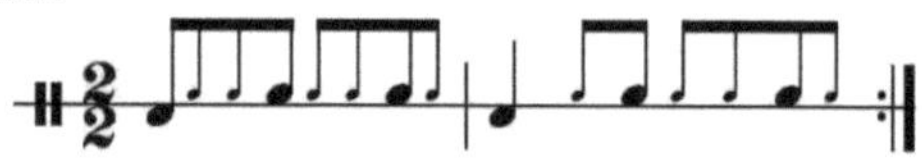

F

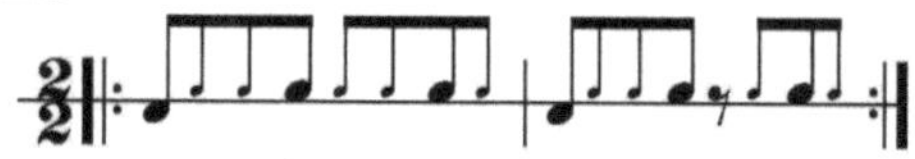

G

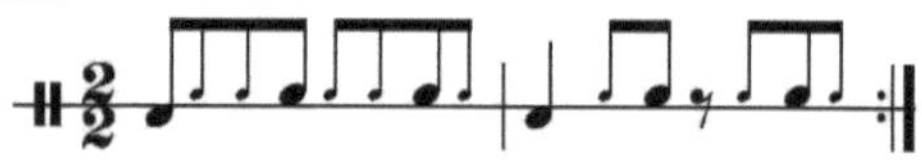

H

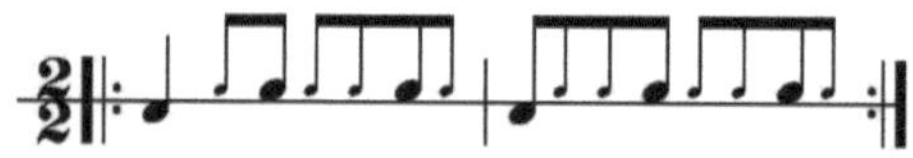

I

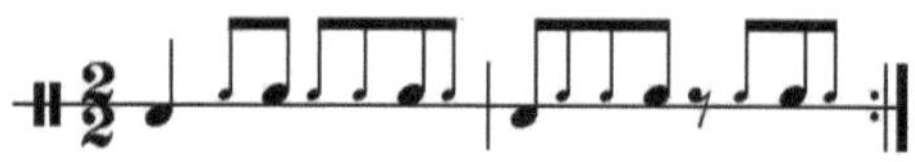

J

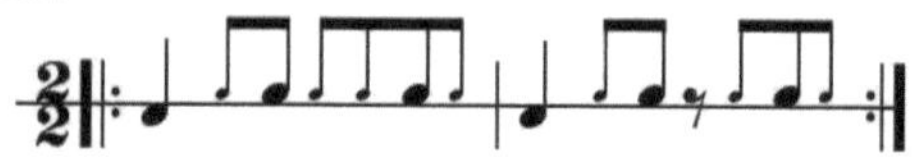

K

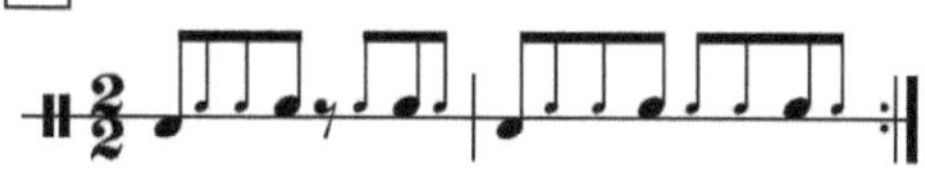

L

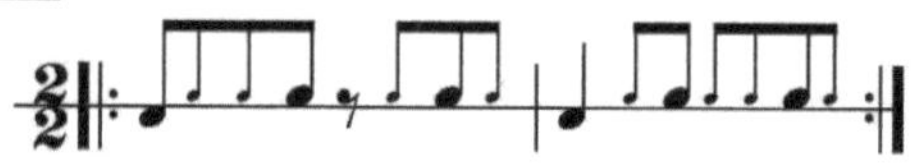

M

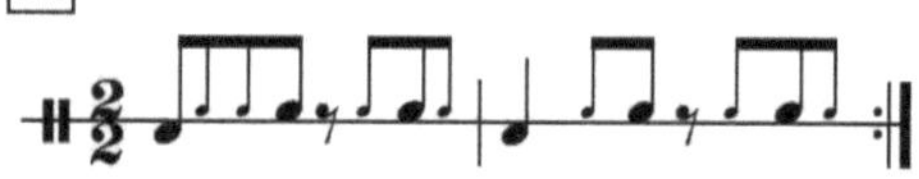

N

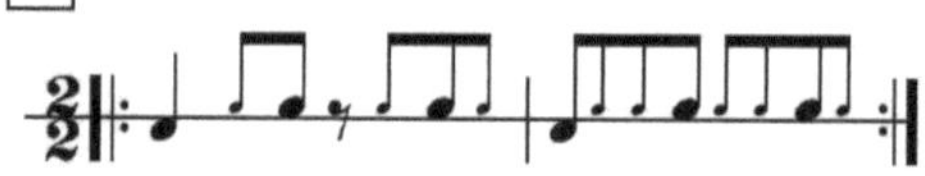

O

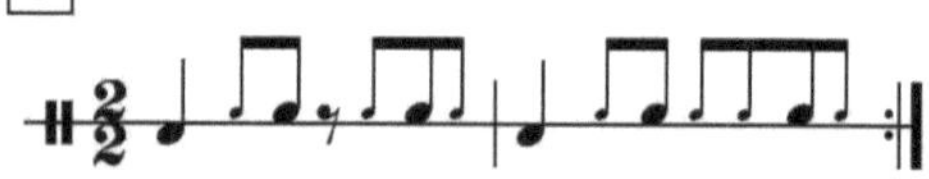

P

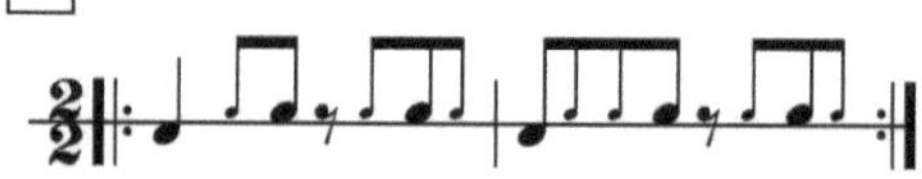

Übungshinweise

- Auf die Klangunterschiede zwischen *Ghostenotes*, *Ton* und *Bass* achten.
- Anstelle der *Ghostenotes* auch *Klack* spielen.
- Die Rhythmen auch mit anderen Handsätzen spielen.
- Die gezeigten Verzierungen auch mit den *„Allerweltsrhythmen“* A bis H (S. 41) spielen.

Samba

Samba ist die wohl bekannteste brasilianische Tanz- und Musikform, von der es wiederum weit über hundert unterschiedliche Gattungen geben soll. Die im vorliegenden Buch gezeigten Rhythmen orientieren sich an „batucada", einer Spielart, die z.B. während des Karnevals in Rio de Janeiro erklingt.

Dreistimmig

Grundrhythmus

Track
12 - 15

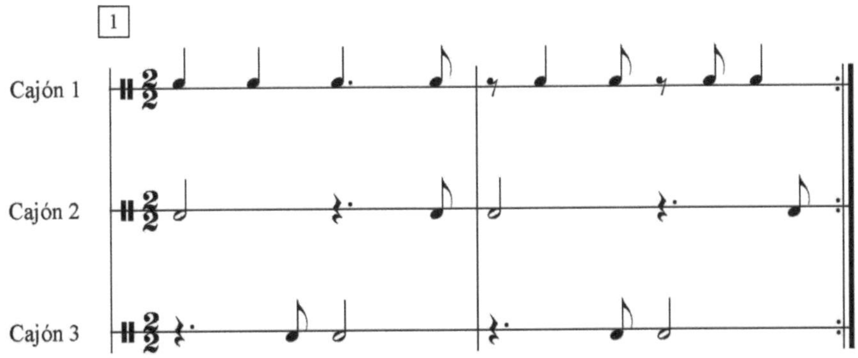

Cajón 1 kann auch mit *Ghostenotes* gespielt werden. Als Handsatz bieten sich in diesem Fall *Single Strokes* oder *Right Hand Lead* bzw. *Left Hand Lead* an.
Die *Ghostenotes* können hier ganz leise gespielt werden, da sie hauptsächlich den Spielfluss beeinflussen. Ob jede einzelne *Ghostenote* zu hören ist, bleibt in diesem Zusammenhang zweitrangig.

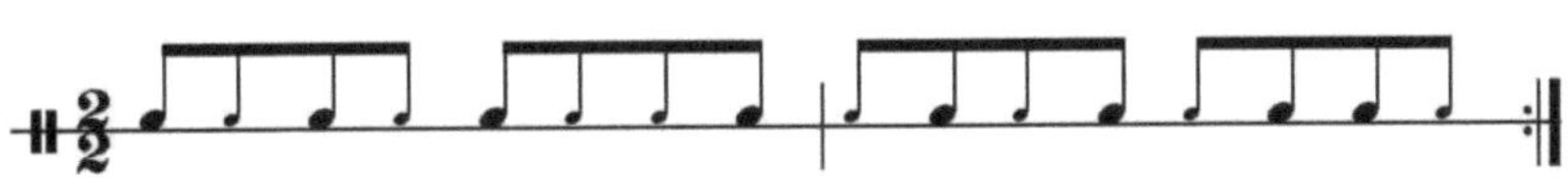

Eine genauere Erklärung der Handsätze steht in Kapitel „Warm-up" (S. 15).

Variation

Track 16 - 19

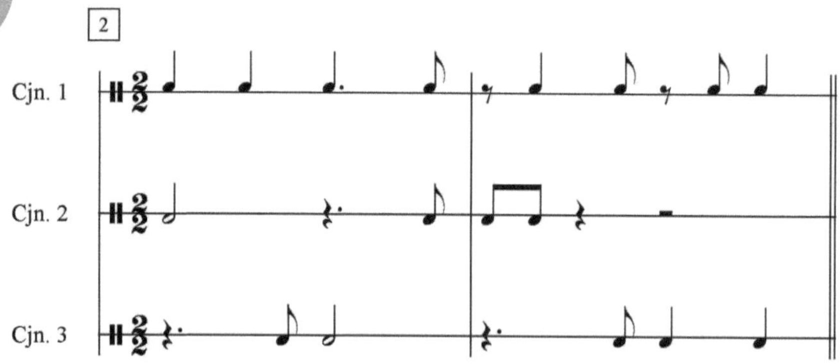

längere Phrasen

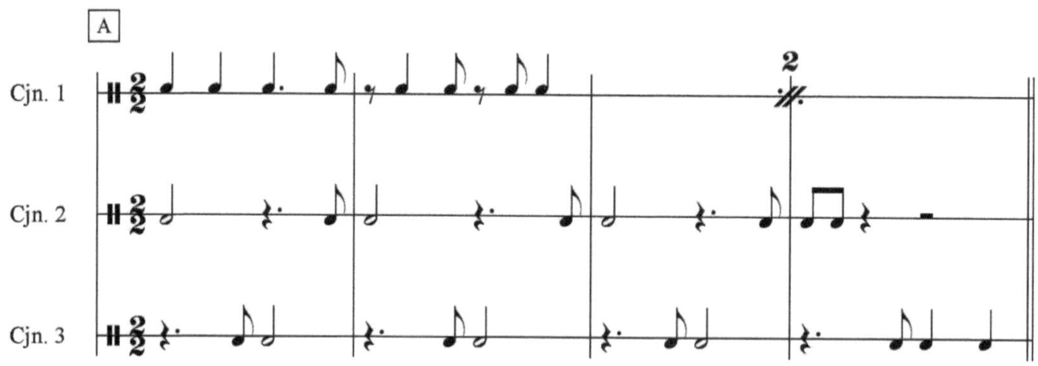

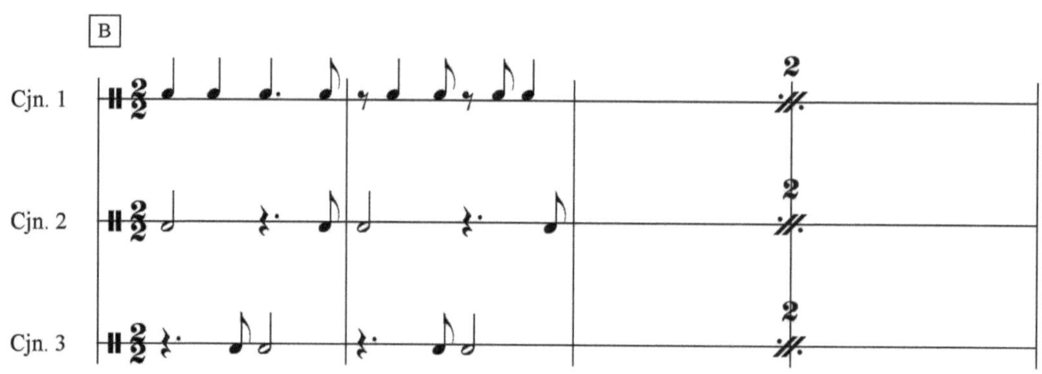

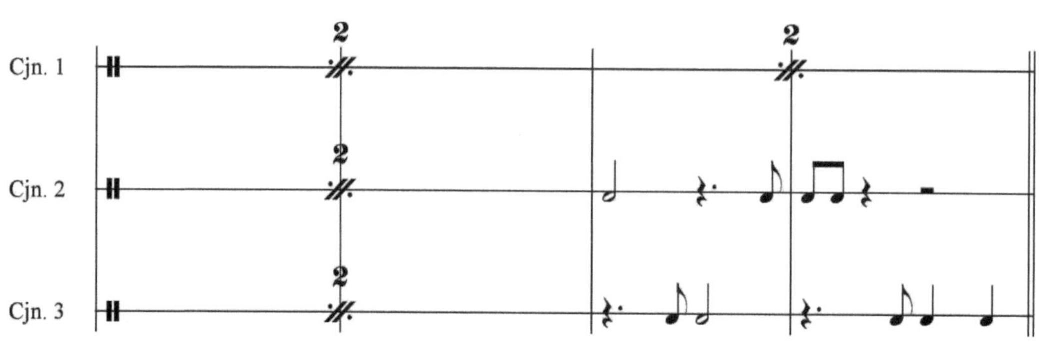

Samba

längere Phrasen

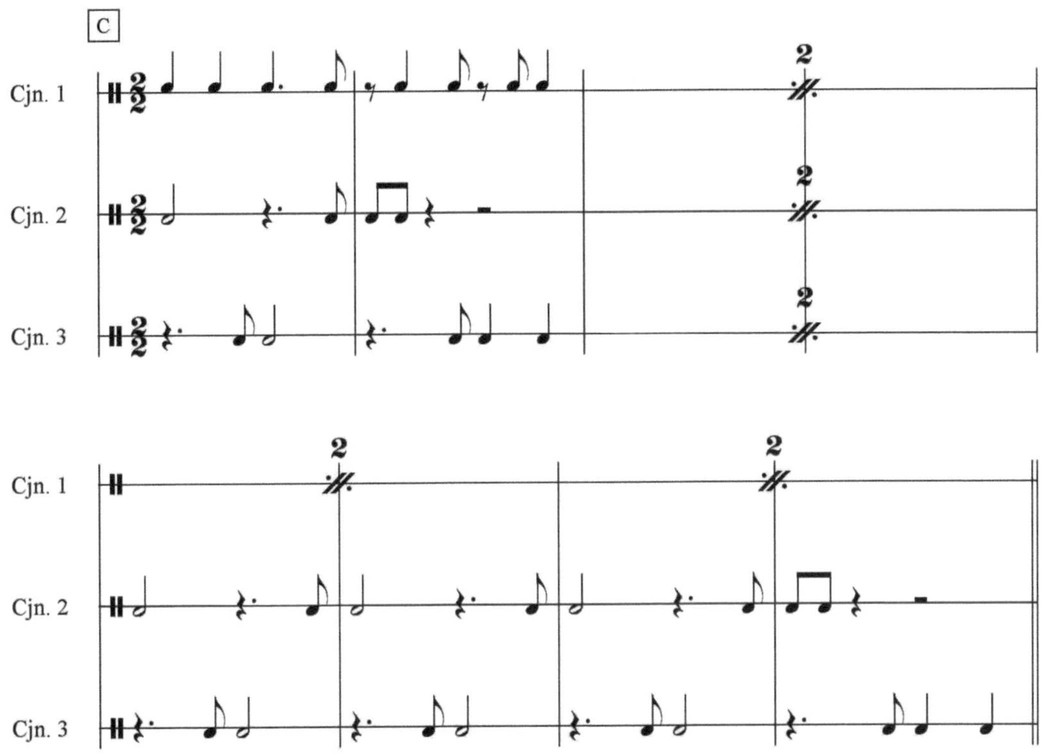

Intro

Track 20 - 23

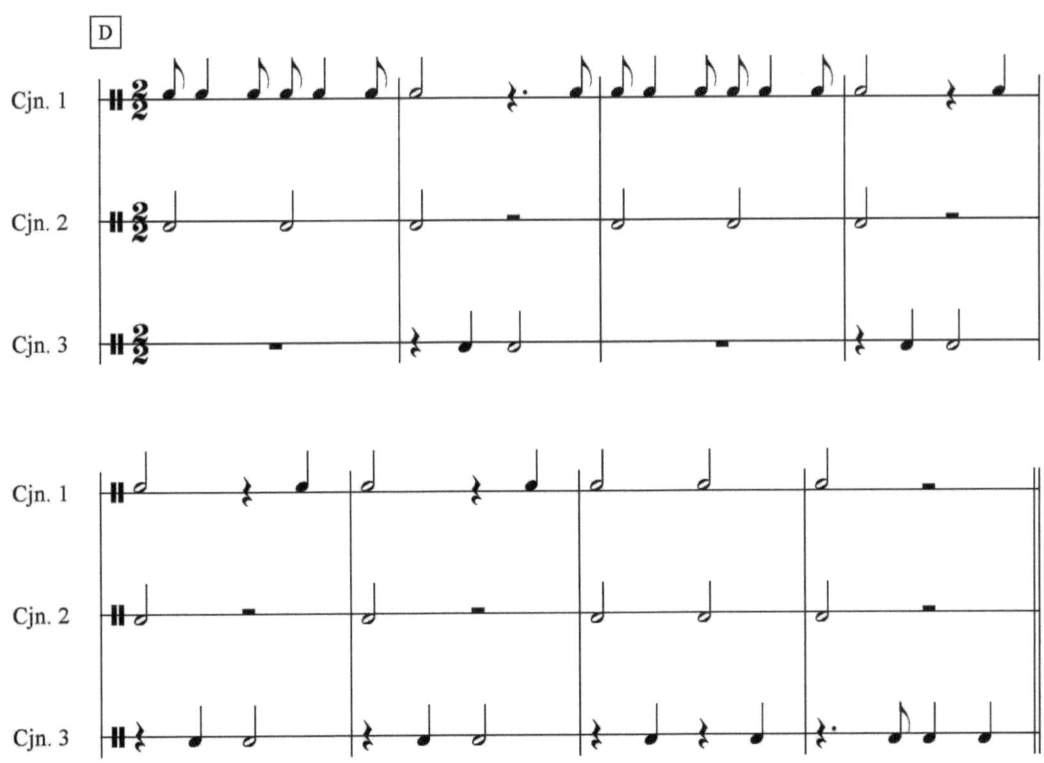

Stopp

Der Rhythmus wird gelegentlich durch Stopps unterbrochen. Mit ihrer Hilfe können unterschiedliche Songteile miteinander verbunden werden. Ein Stopp wird traditionell vom Leiter eines Samba-Ensembles durch Signale mit einer Trillerpfeife angegeben.

Track 24 - 27

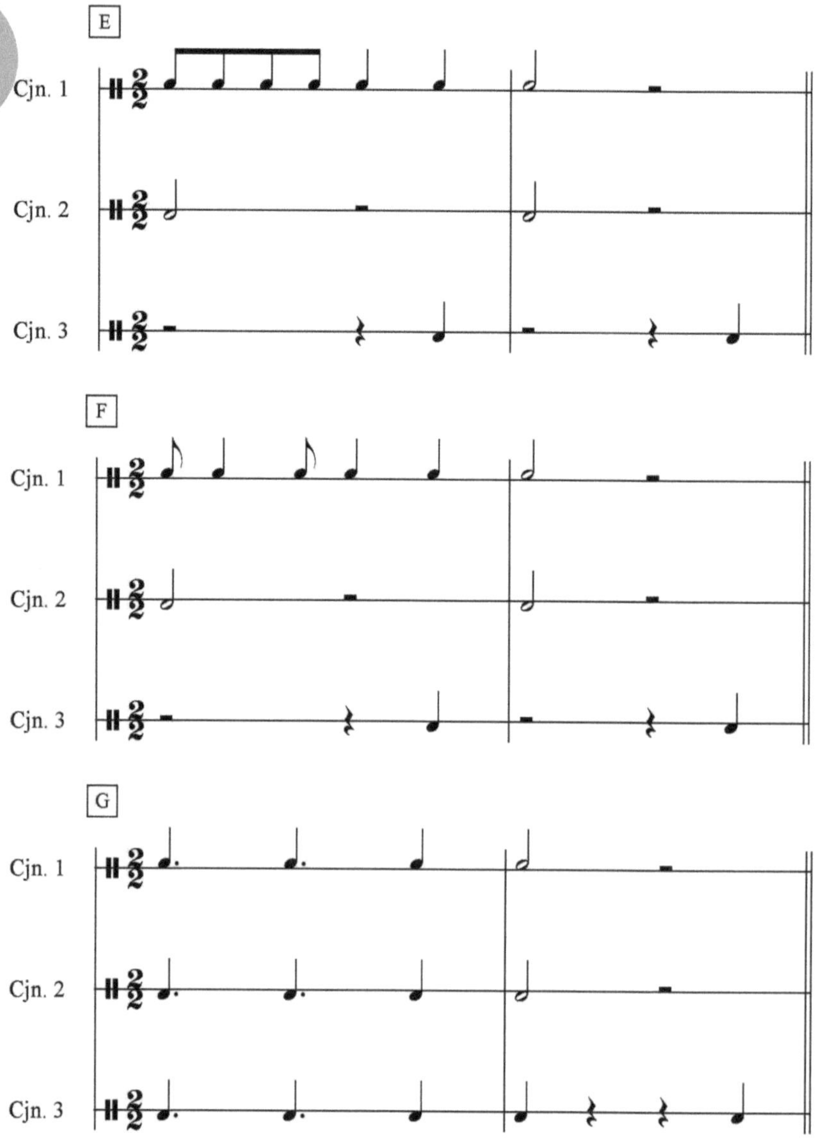

Schluss

Jeder Stopp kann auch als Schluss dienen, indem Cajón 3 den letzten Schlag auslässt. Beispiel H bezieht sich auf Stopp E.

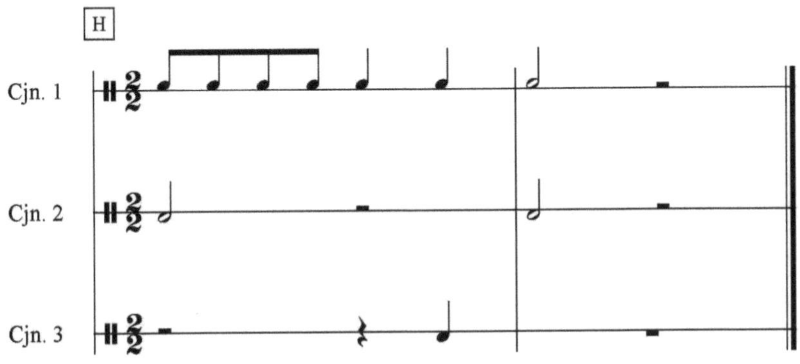

Zweistimmig

Grundrhythmus

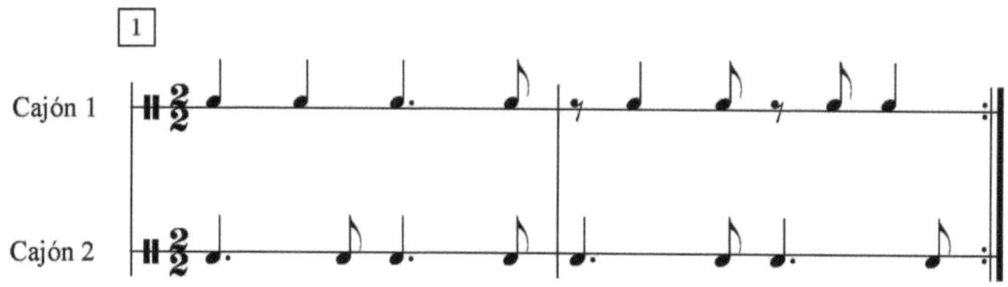

Variation

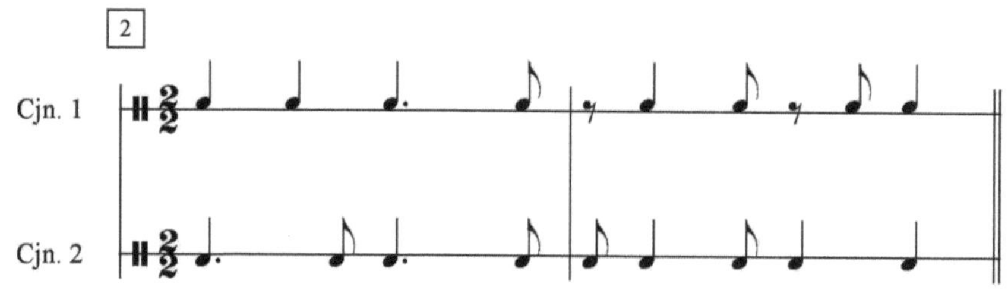

Die Bass-Stimme (Cajón 2) kann so verändert werden, dass einige Schläge gedämpft werden.

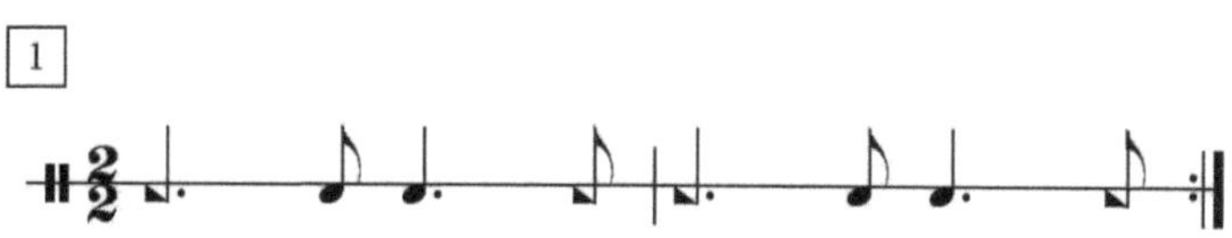

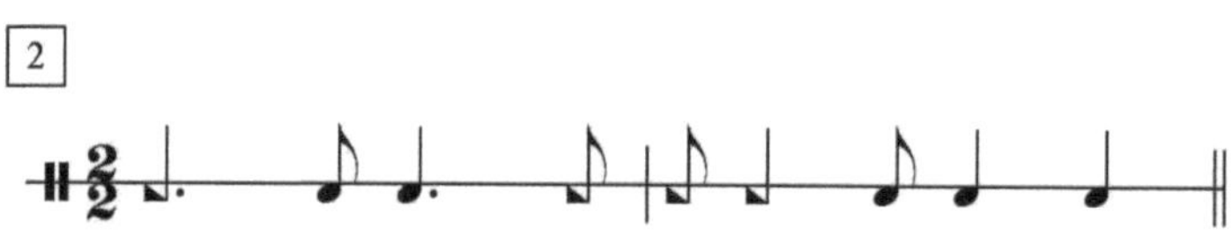


```
In „Performance 7“ (mp3 Track 40) ist der Rhythmus
mit gedämpften Schlägen zu hören.
```

Samba

längere Phrasen

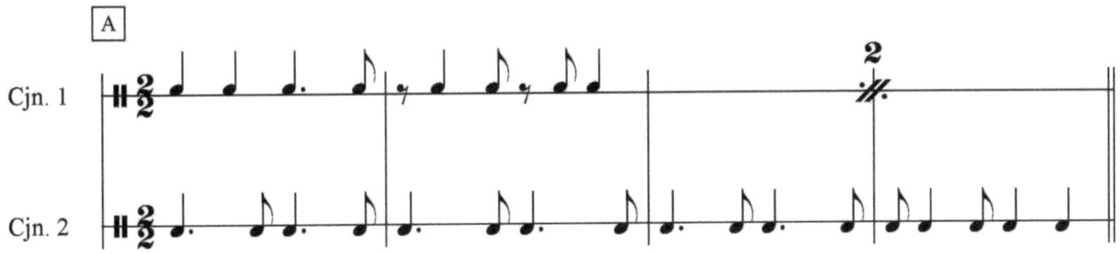

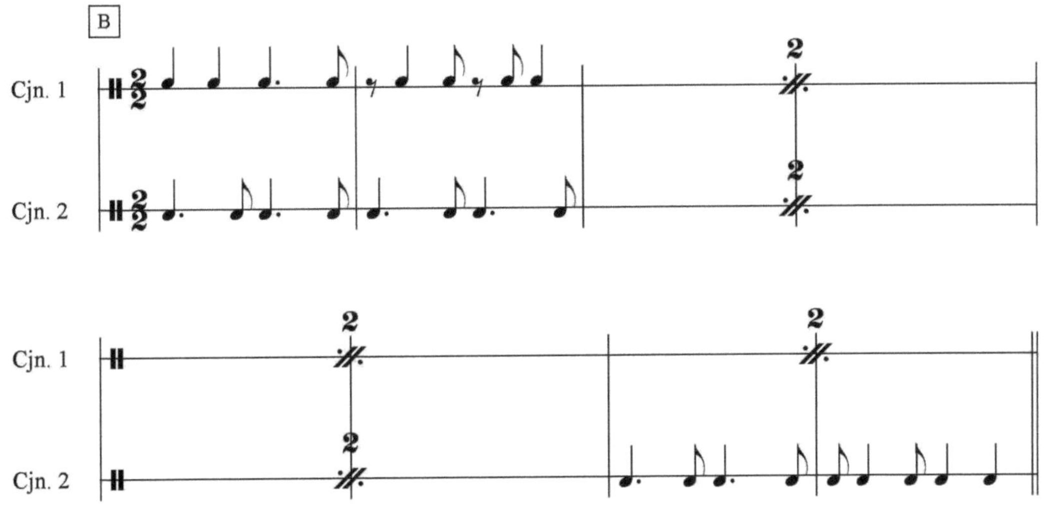

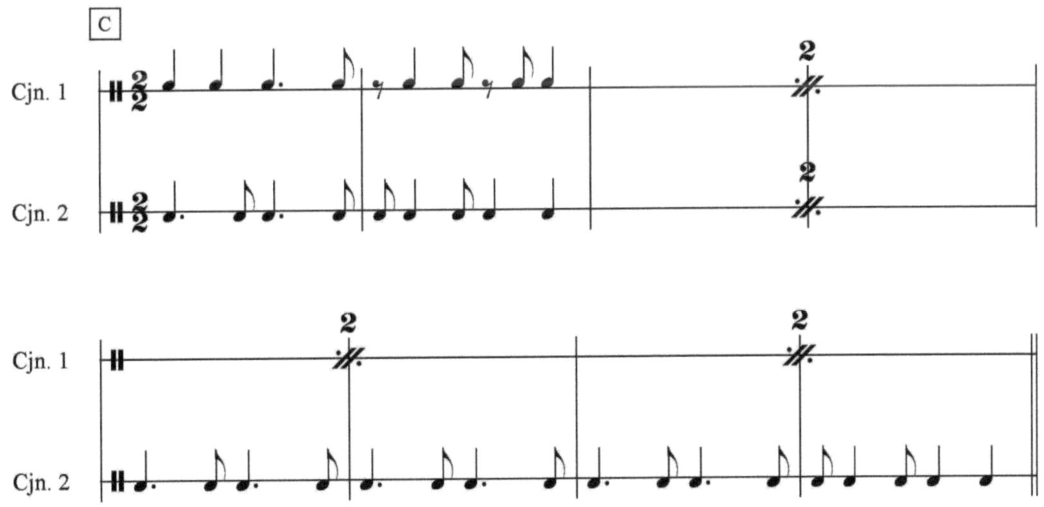

Samba

Intro

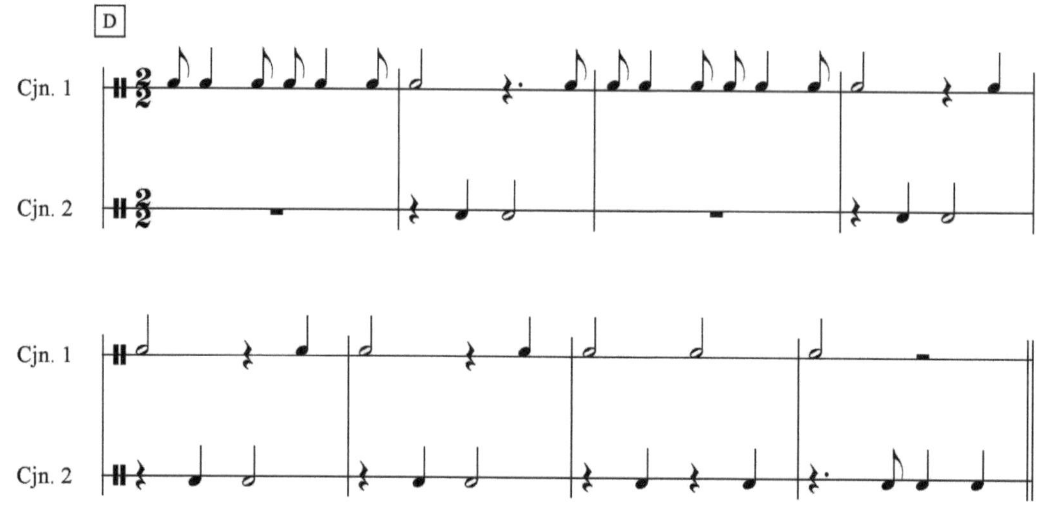

Stopp

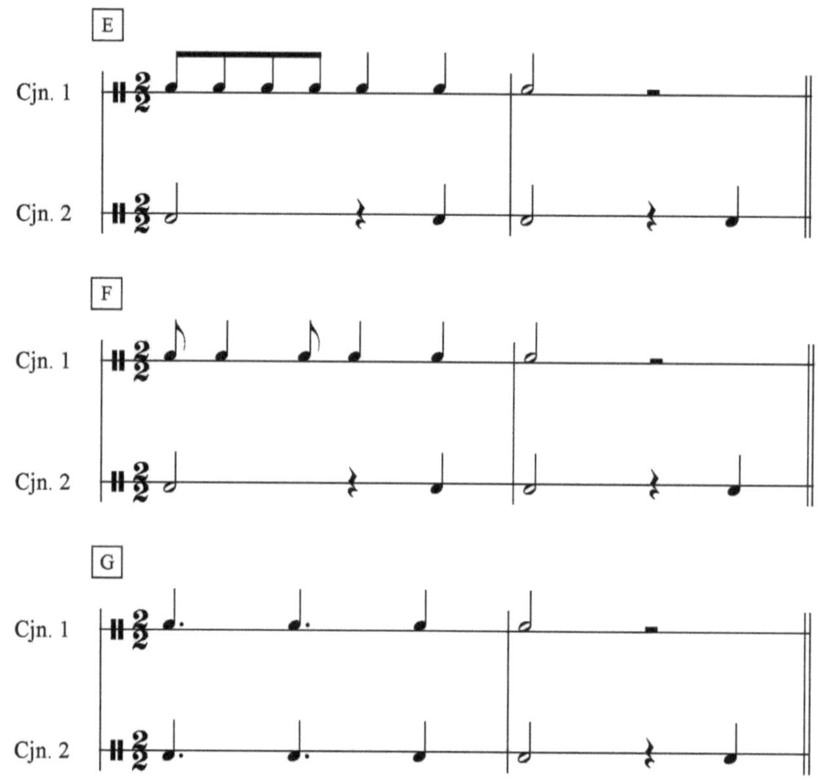

Schluss

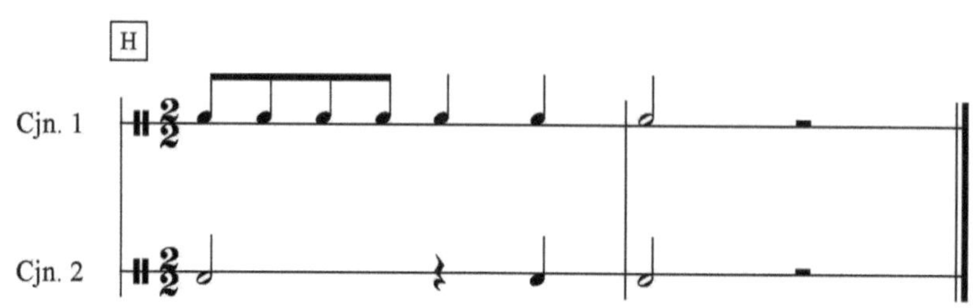

Einstimmig

Grundrhythmus

1

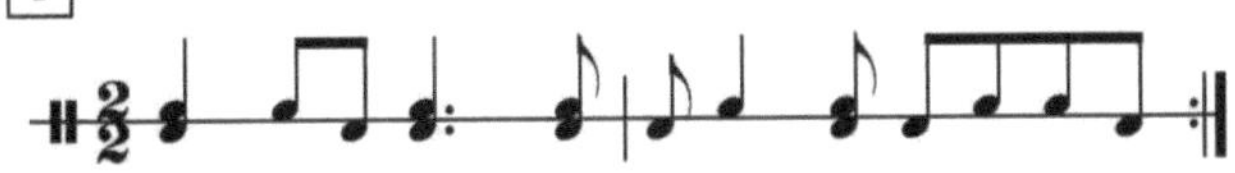

Variation

2

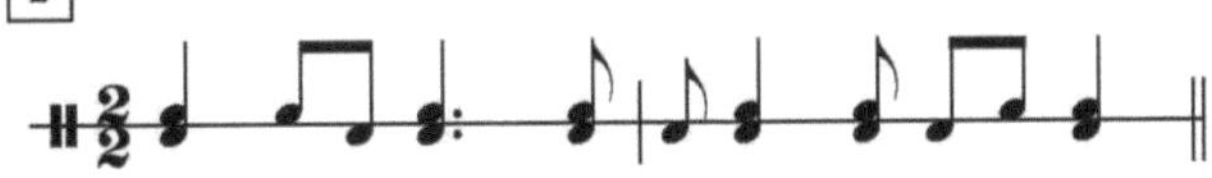

Übungshinweis

- Bei den einstimmigen *Samba*-Rhythmen spielt eine Hand *Bass* und die entsprechend andere Hand spielt *Ton*.

Sollten der Grundrhythmus und die Variation Schwierigkeiten bereiten, können die Übungen in Kapitel „Koordination“ (S. 55f) hilfreich sein.

längere Phrasen

A

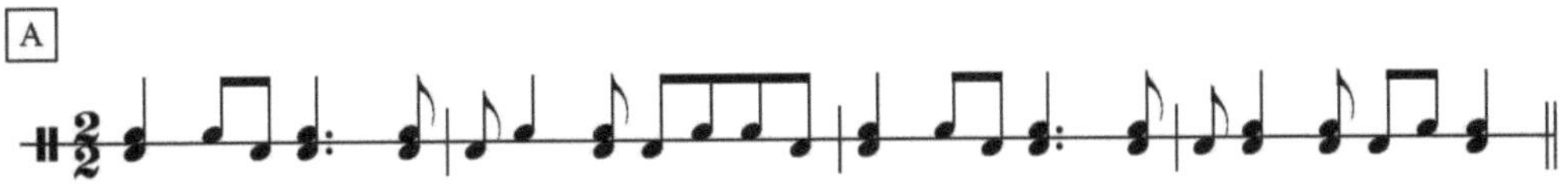

B

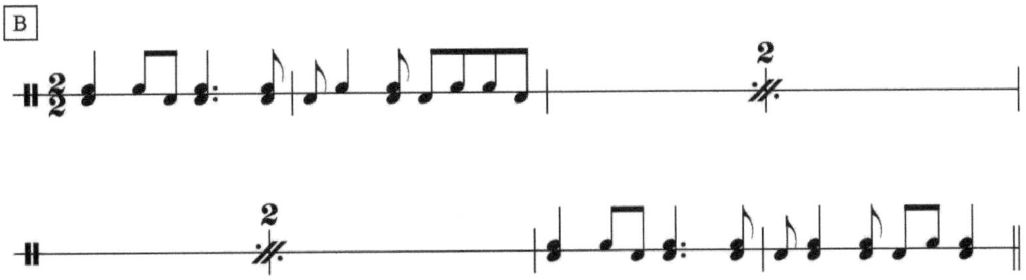

Samba

längere Phrasen

C

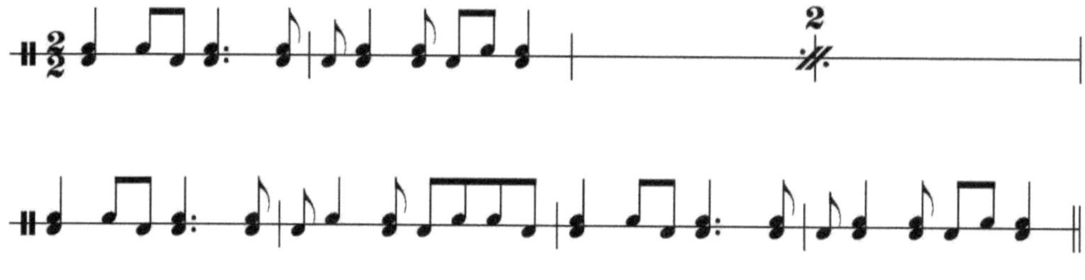

Intro

D

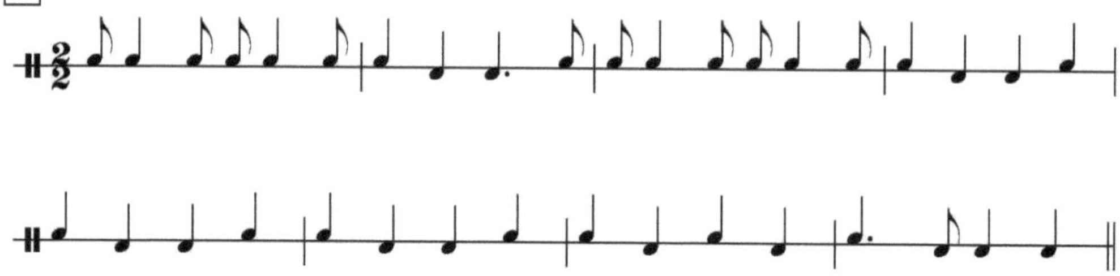

Stopp

E

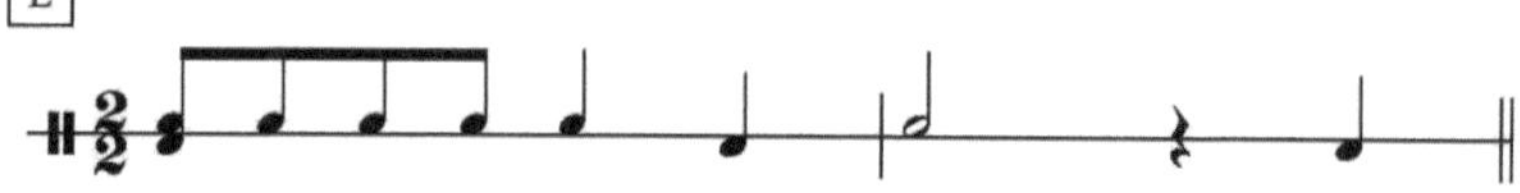

F

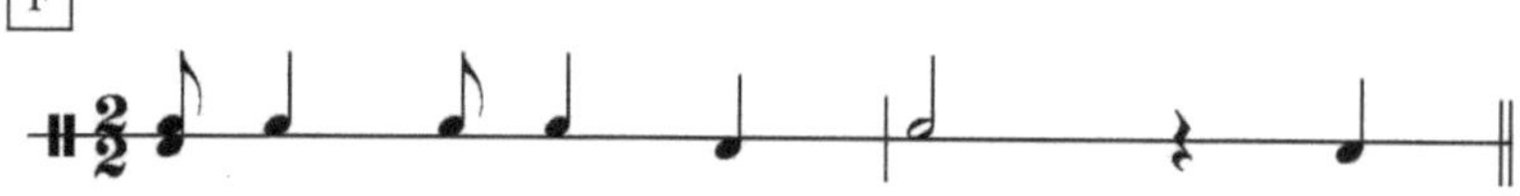

G

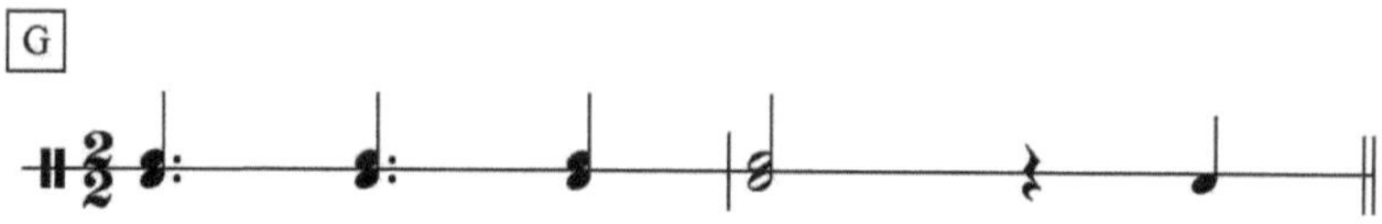

Schluss

H

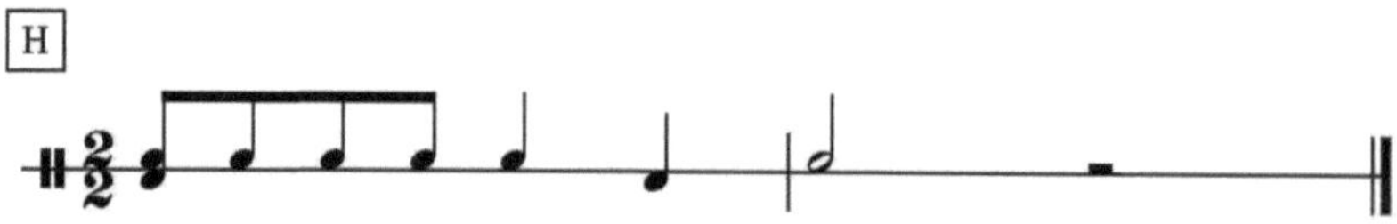

Koordination

Die Koordinationsübungen 1 bis 4 sind so aufgebaut, dass mit einer Hand ein Ostinato als *Bass* gespielt wird, während die entsprechend andere Hand dazu einzelne Noten als *Ton* spielt. Ostinato bedeutet in diesem Fall, dass ein rhythmisches Motiv gleichbleibend wiederholt wird. Das Ostinato der Übungen 1 und 2 entspricht dem *Bass*-Rhythmus des *Samba* (S.50) und das Ostinato der Übungen 3 und 4 entspricht Rhythmus A aus dem Kapitel „*Ein Allerweltsrhythmus*" (S. 41).

Übung 1

Track 28

A

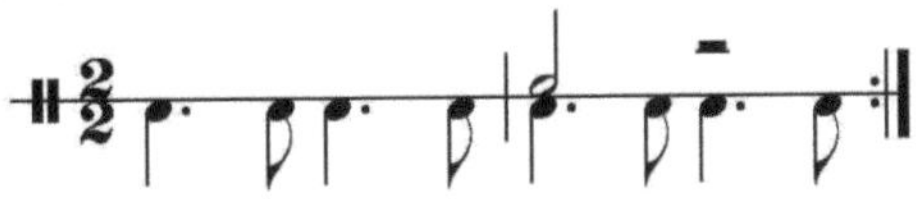

B

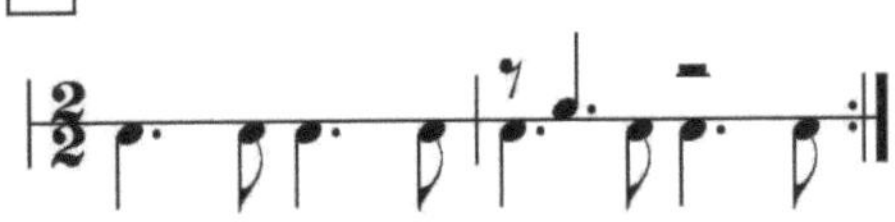

C

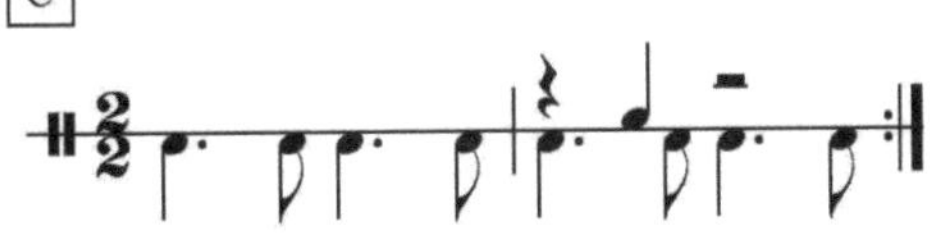

D

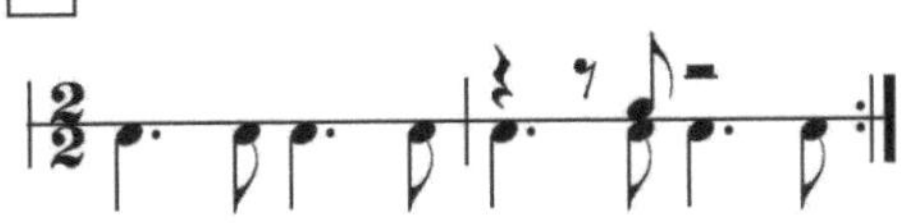

E

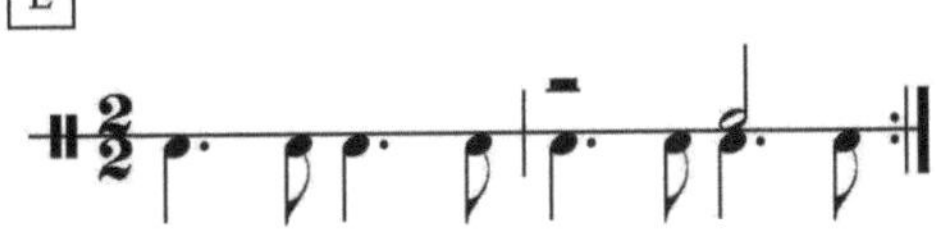

F

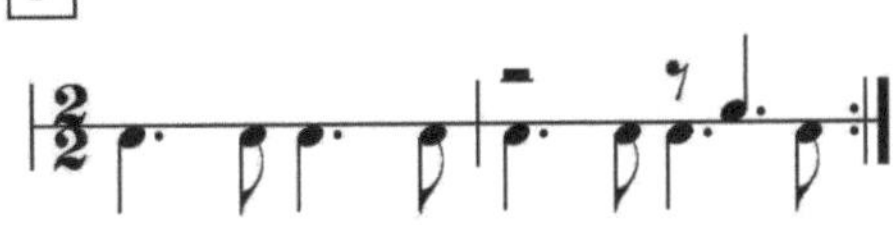

G

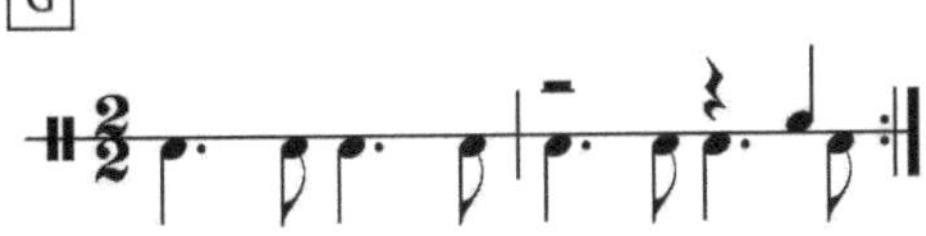

H

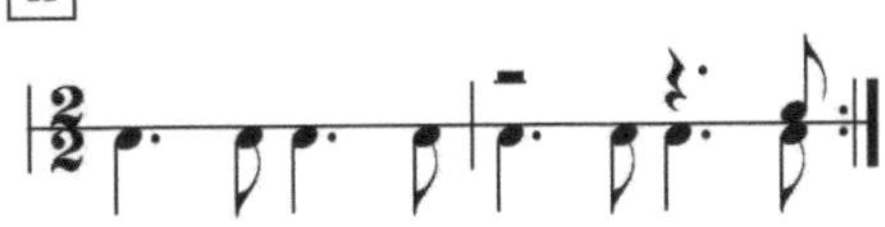

I

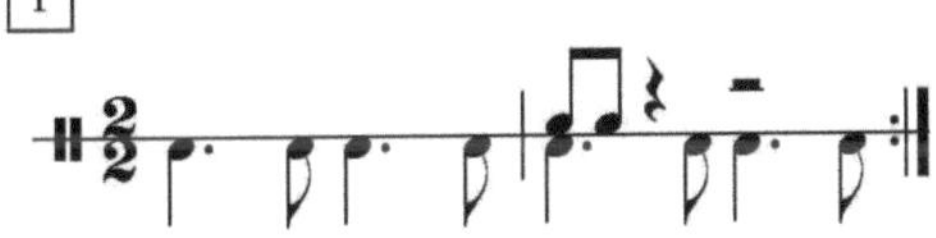

J

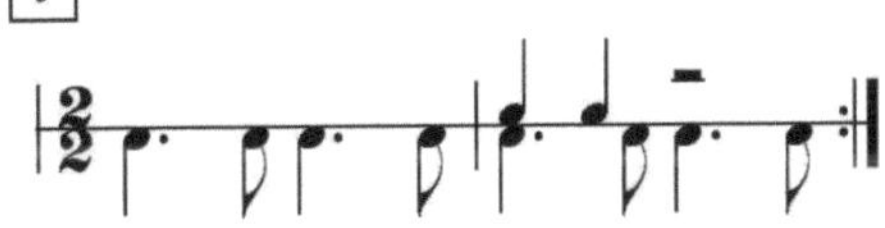

K

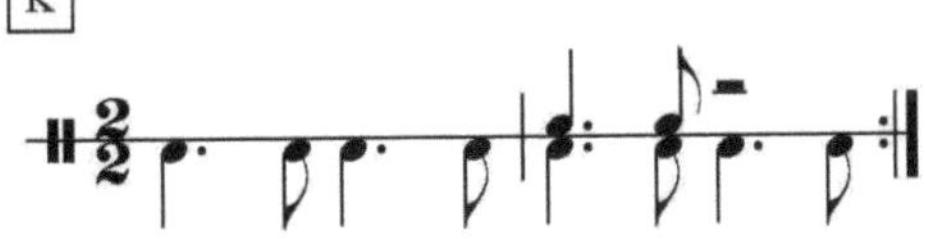

L

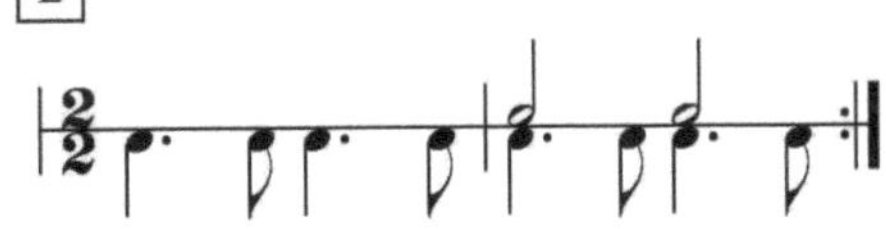

M

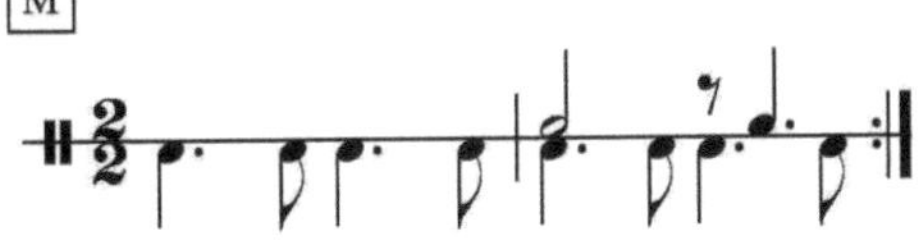

N

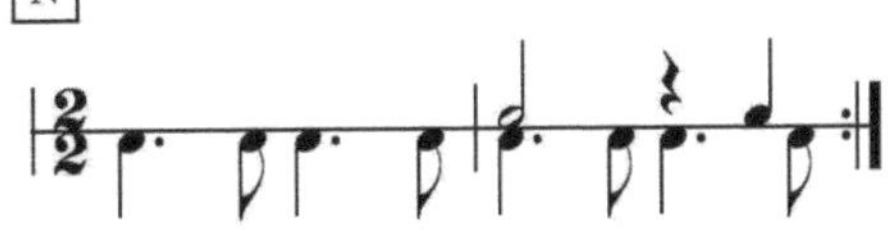

O

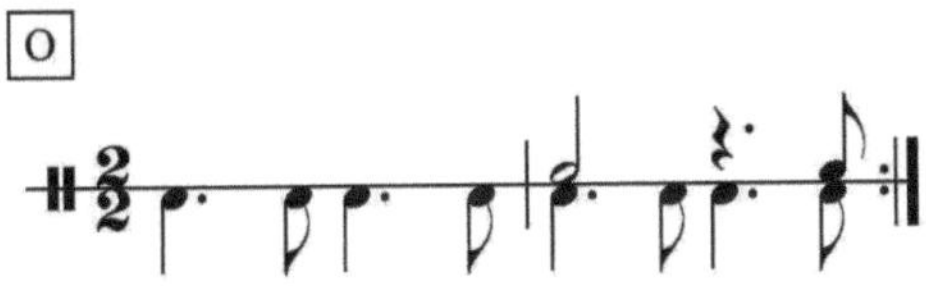

Auf dem mp3 Track 28 werden Beispiele A bis D sowie I bis O gespielt. Jeder Buchstabe wird zweimal gespielt, bevor zum nächsten gewechselt wird.

Übung 2

A

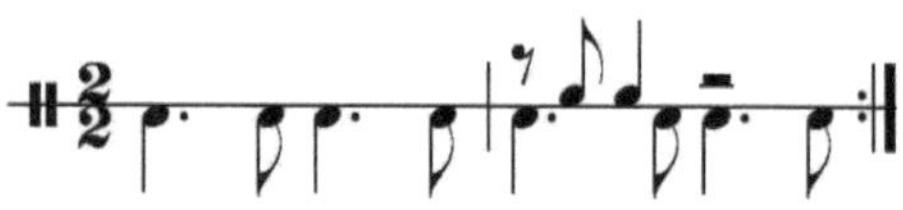

B

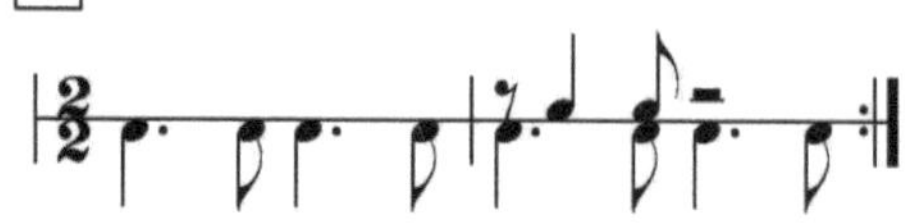

C

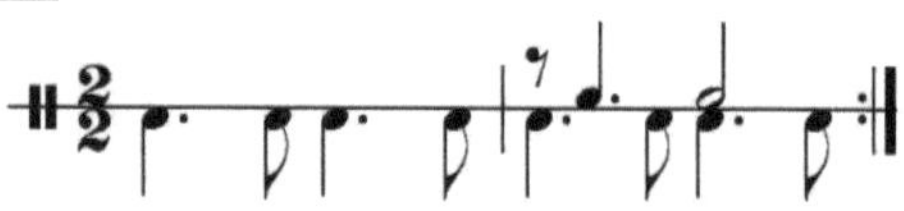

D

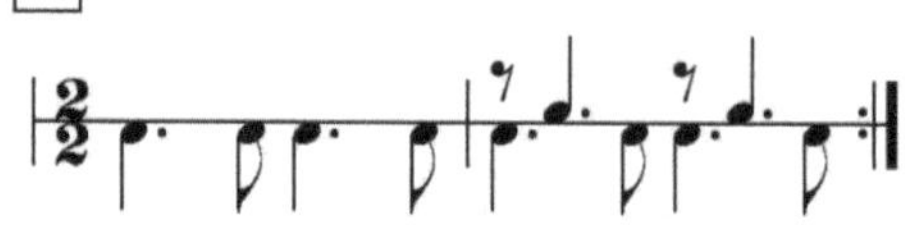

E

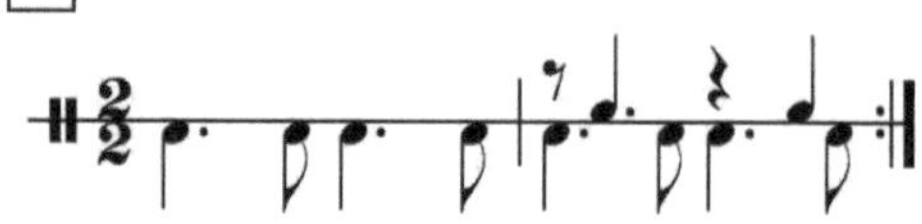

F

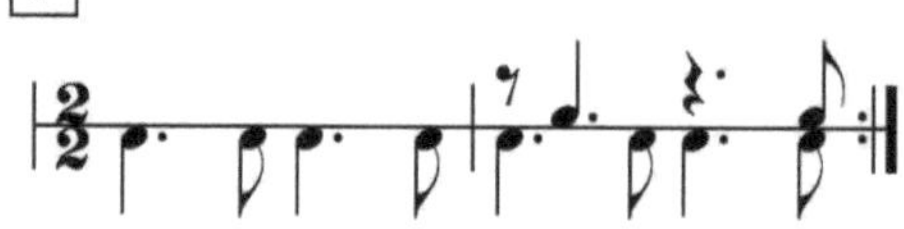

G

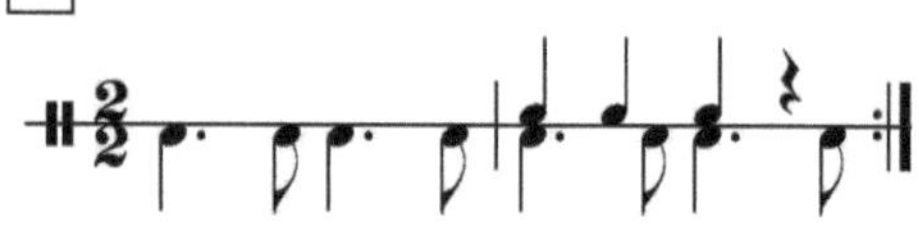

H

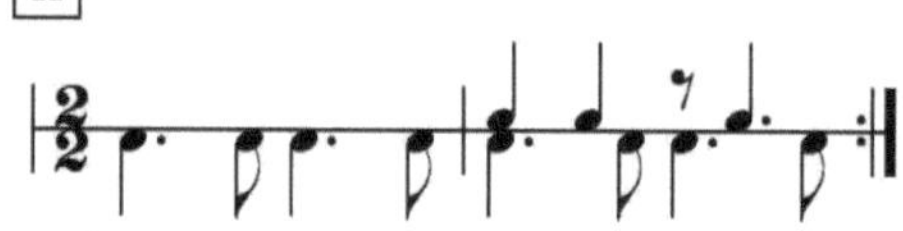

I

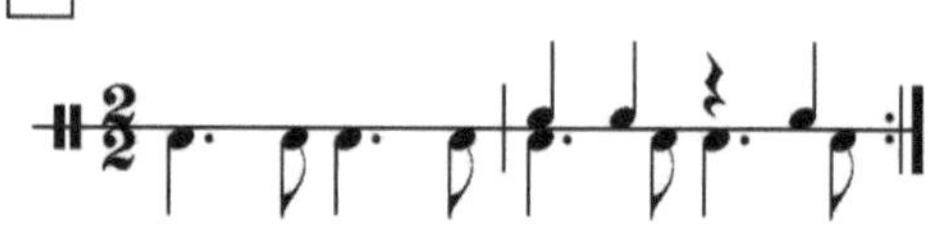

J

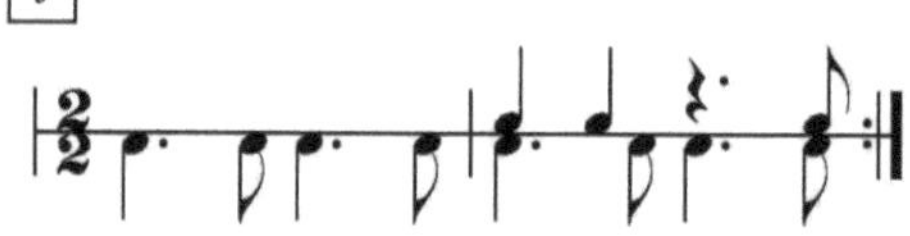

K

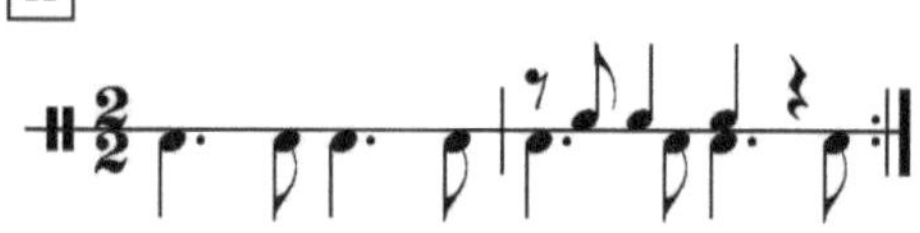

L

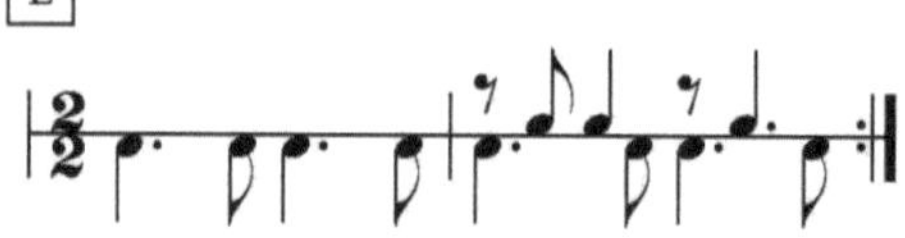

M

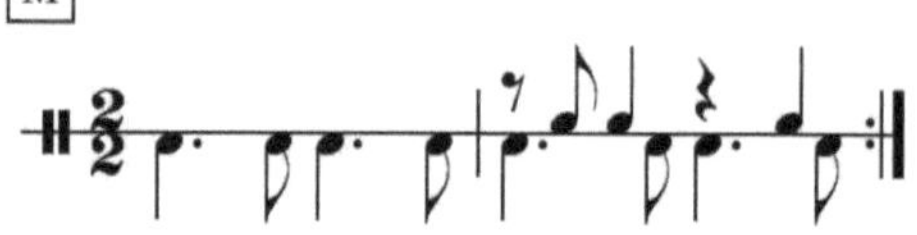

N

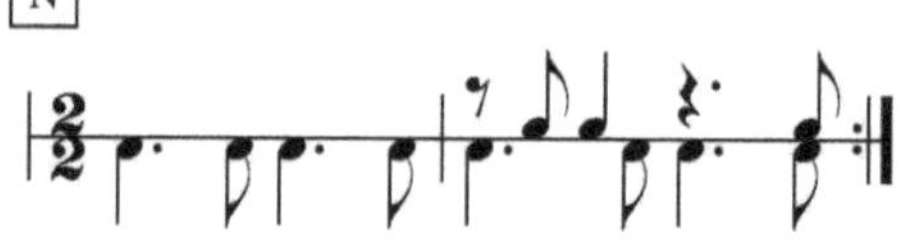

O

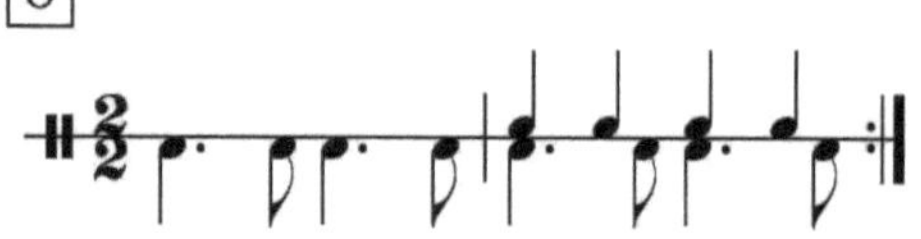

P

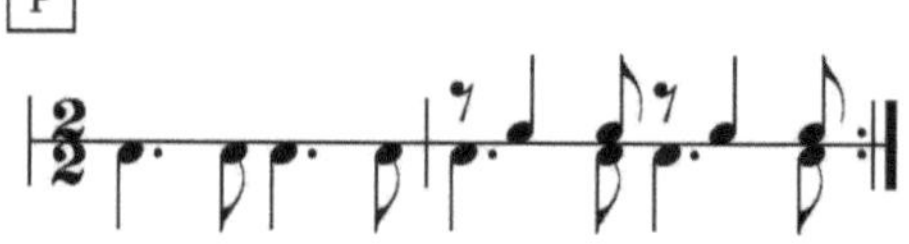

Übung 3

Track 29

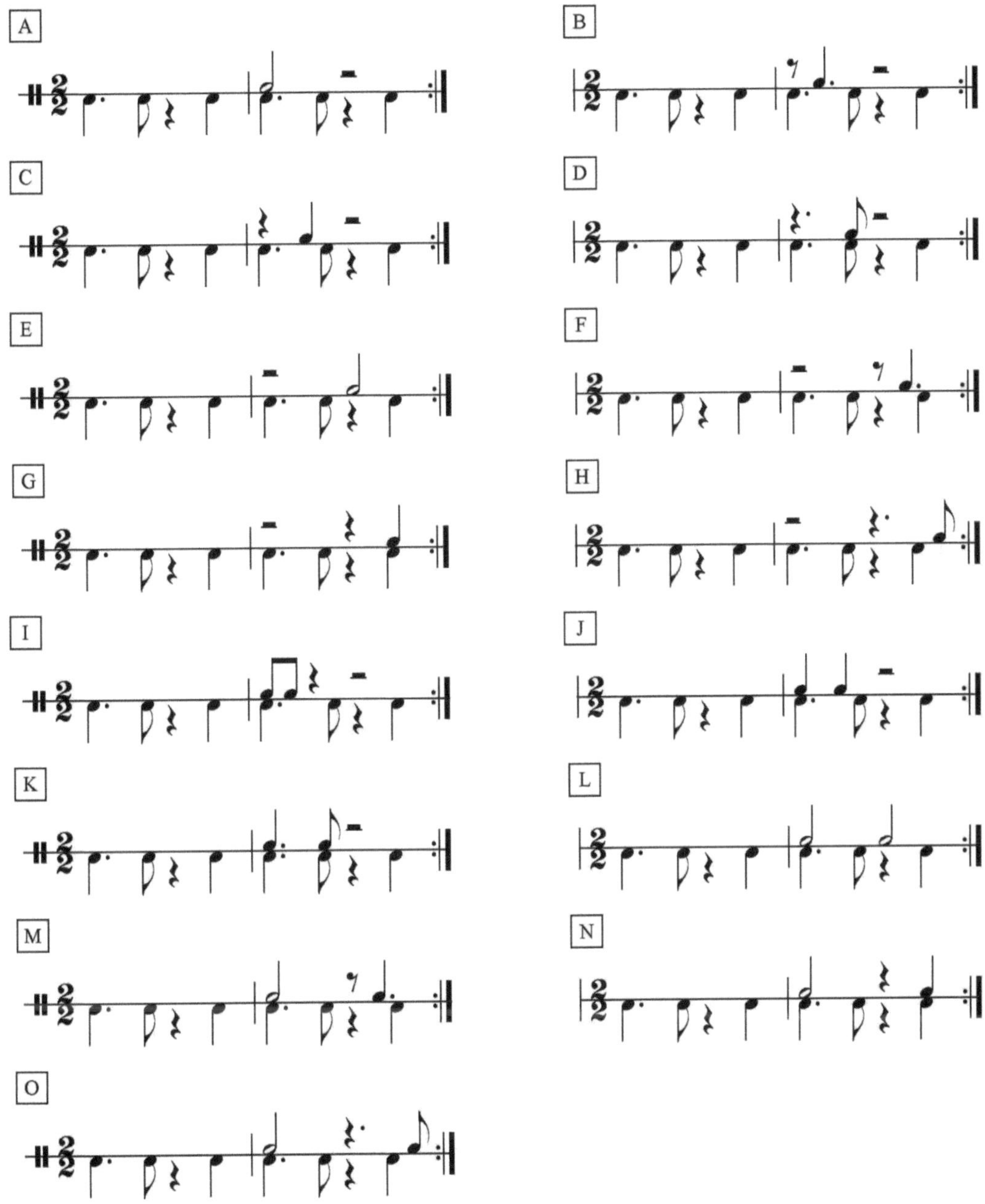

Auf dem mp3 Track 29 werden die Beispiele A bis O gespielt. Jeder Buchstabe wird zweimal gespielt, bevor zum nächsten gewechselt wird.

Übung 4

A

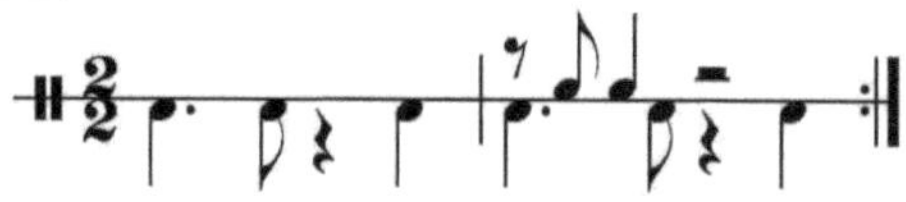

B

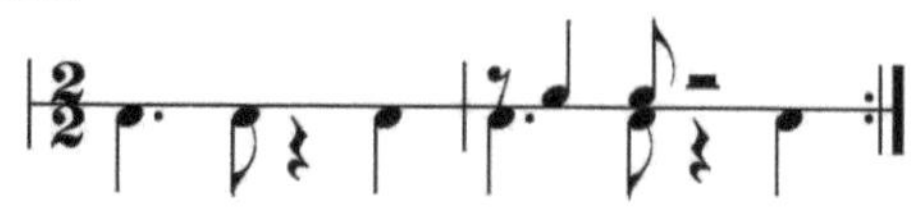

C

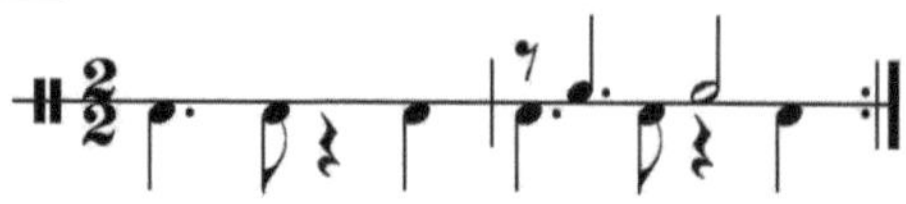

D

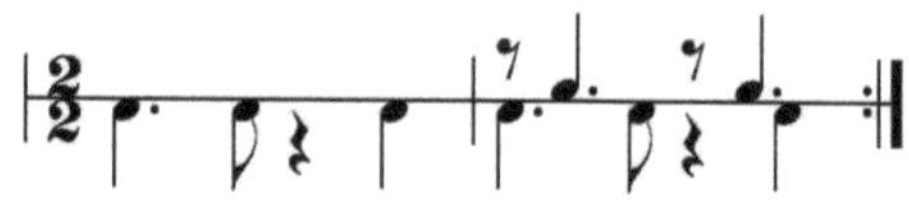

E

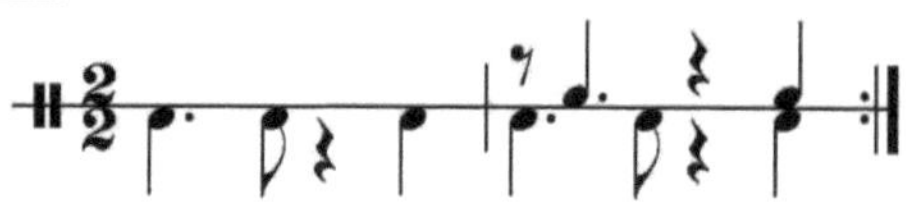

F

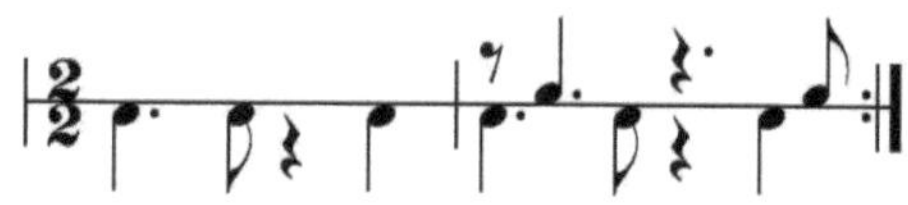

G

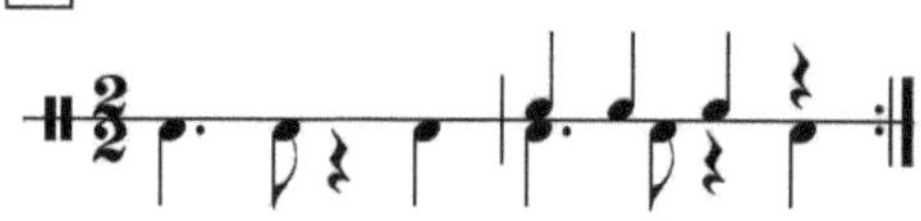

H

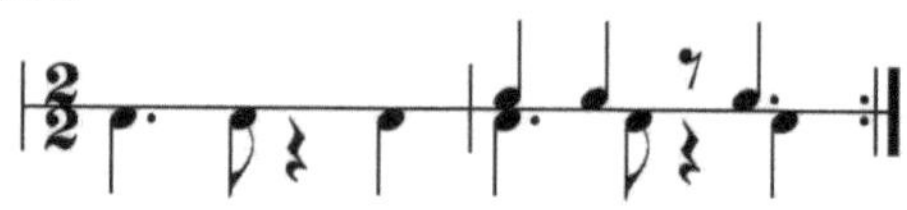

I

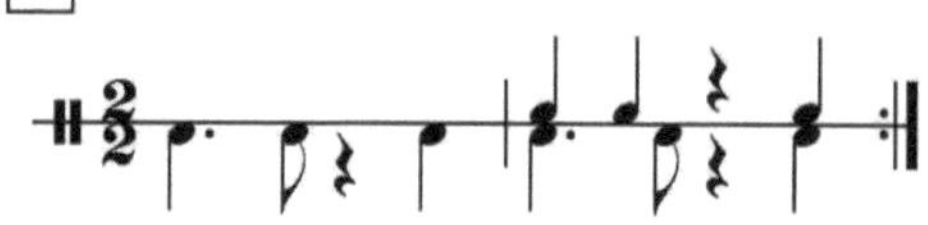

J

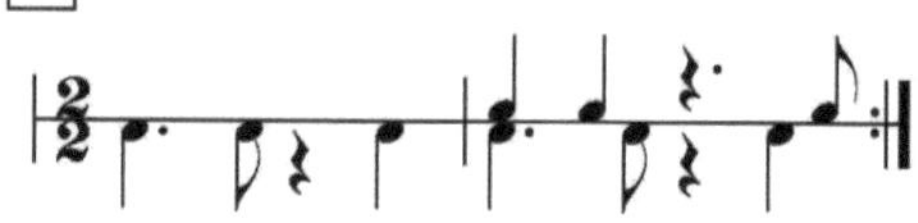

K

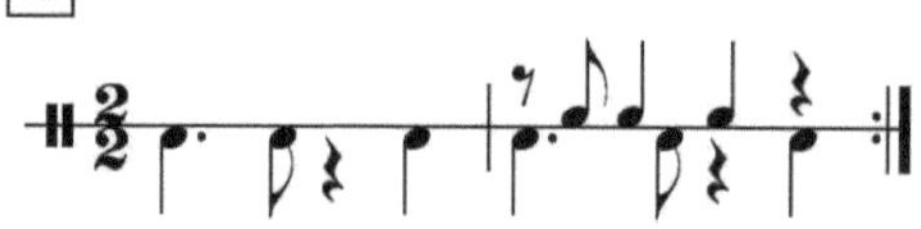

L

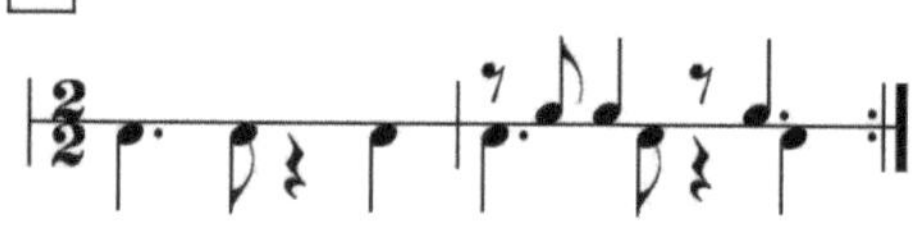

M

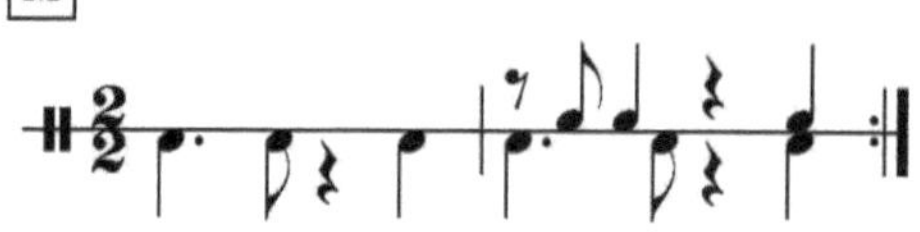

N

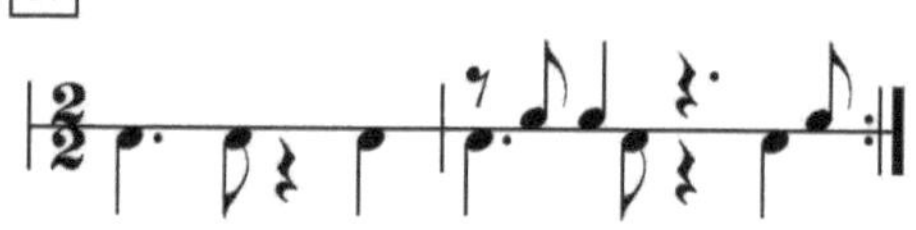

O

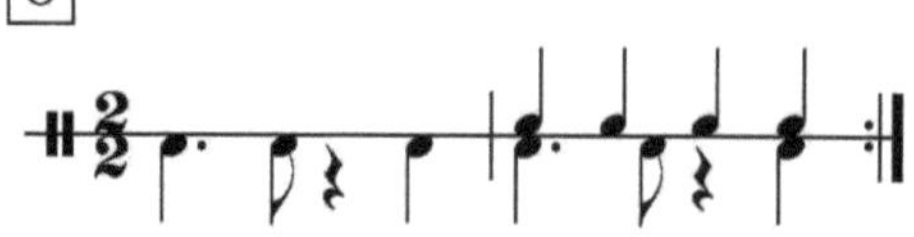

P

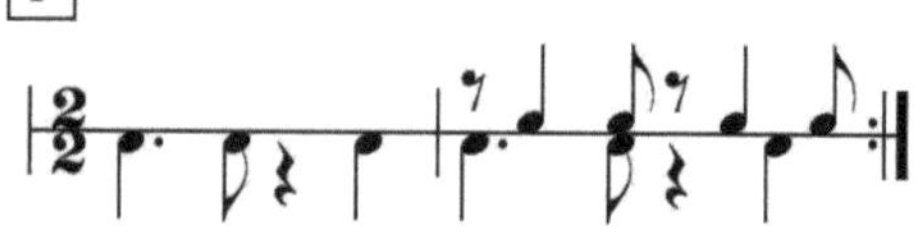

Koordination

Übungshinweise

- Es empfiehlt sich mit einer Geschwindigkeit zu beginnen, in der fehlerfrei und entspannt gespielt werden kann. Später kann das Tempo schrittweise geändert werden.
- Auch die Klangfarben wechseln, z.B. Ostinato als *Ton* und die übrigen Schläge als *Klack*.
- Die Übungen 3 und 4 auch mit den „*Allerweltsrhythmen*“ B bis H (S.41) als Ostinato spielen. In diesem Fall werden die in den Übungen notierten *Töne* vorzugsweise als *Klack* gespielt.
- Auch mit Metronom üben.

Nachdem die Koordinationsübungen gemeistert sind, sollen die Lesetexte (S. 65f) auf die gleiche Weise gespielt werden: Mit einer Hand wird das Ostinato gespielt und der Lesetext mit der entsprechend anderen Hand.

Das folgende Beispiel zeigt *Lesetext* 1 Abschnitt A zusammen mit dem *Samba*-Ostinato:

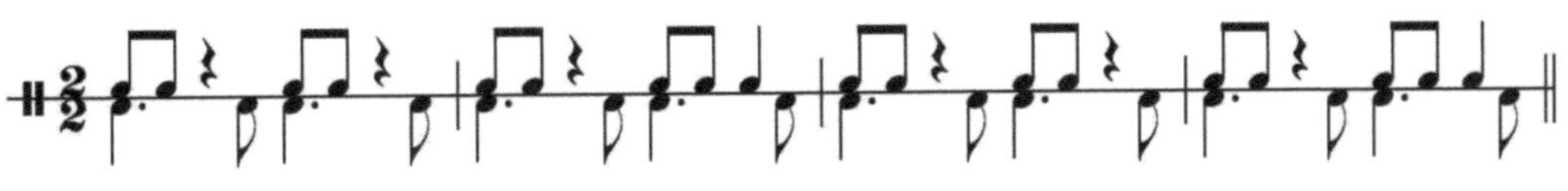

Der selbe Abschnitt könnte auch wie folgt notiert werden. Die Spielweise und der Klang sind dabei vollkommen identisch.

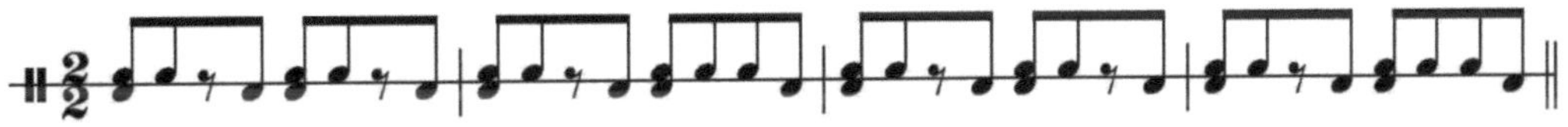

Das folgende Beispiel zeigt *Lesetext* 1 Abschnitt A zusammen mit dem „*Allerwelts*-Ostinato“:

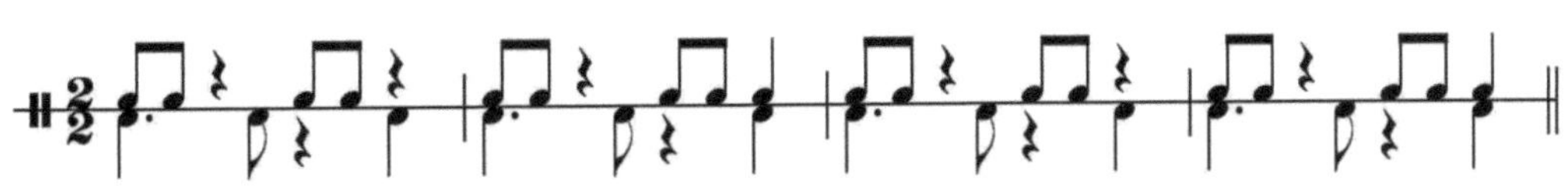

Koordination

Auch hier wieder eine alternative Schreibweise:

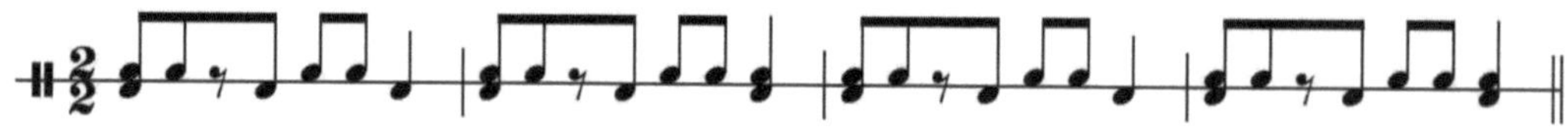

Das folgende Beispiel zeigt <u>*Lesetext* 2 Abschnitt A</u> zusammen mit dem *Samba*-Ostinato:

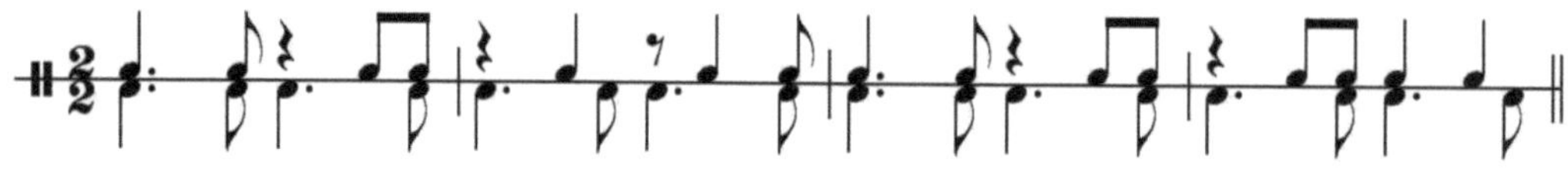

Eine alternative Schreibweise des selben Abschnittes könnte so aussehen:

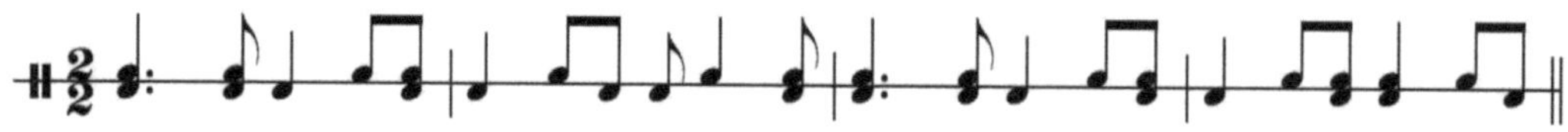

Diese Beispiel zeigt <u>*Lesetext 2* Abschnitt A</u> zusammen mit dem „*Allerwelts*-Ostinato":

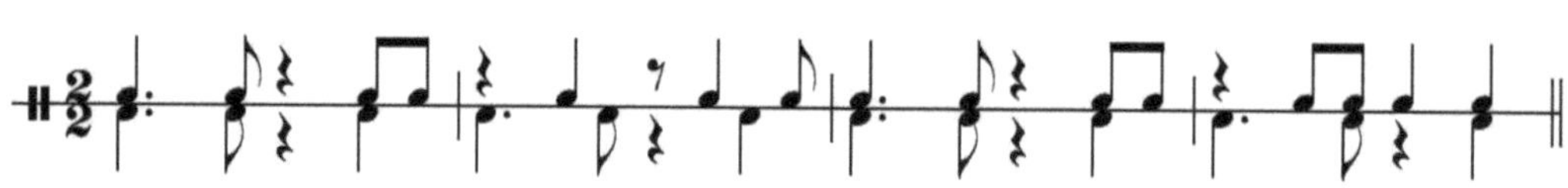

Auch hier wieder eine alternative Schreibweise:

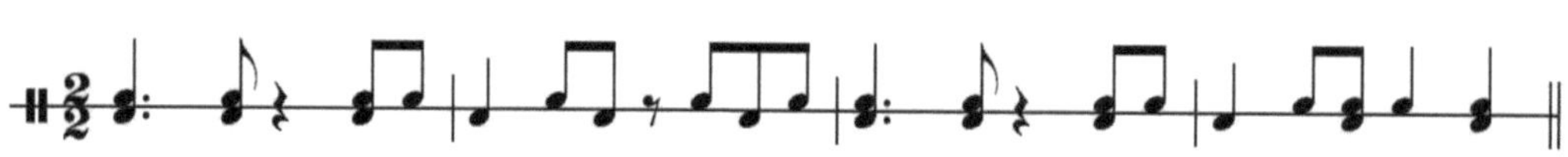

Akzente

In der Musik bedeutet Akzent, dass einzelne Noten betont werden, indem sie lauter gespielt werden.
Für gewöhnlich wird ein Akzent durch ein Akzentzeichen angegeben:

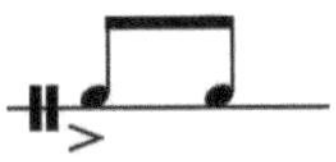

Da im vorliegenden Buch bereits lautere und leisere Schläge mit *Ghostenotes* realisiert wurden, wird auf Akzentzeichen verzichtet und die Schreibweise mit größeren und kleineren Notenköpfen beibehalten.
Die größeren Notenköpfe stehen für Akzente, die kleineren für leise Schläge (*Ghostenotes*).

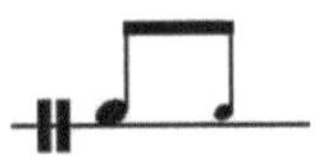

Übungshinweise

- Es empfiehlt sich mit einer Geschwindigkeit zu beginnen, in der fehlerfrei und entspannt gespielt werden kann. Später kann das Tempo schrittweise geändert werden.
- Auf die unterschiedliche Lautstärke von *Akzent* und *Ghostenote* achten.
- Die Übungen mit verschiedenen Handsätzen spielen.
- Auch mit Metronom üben.

Nähere Angaben zu den Handsätzen stehen in Kapitel „Warm-up“ (S.15).

Die Warm-ups 1.1, 2.1, 2.2, 3.1 und 3.2 (S.69ff) eignen sich ebenfalls gut als Akzentübungen.

Übung 1

A

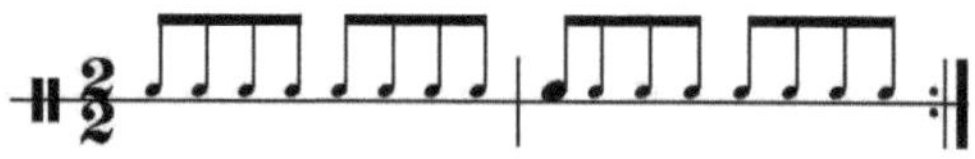

B

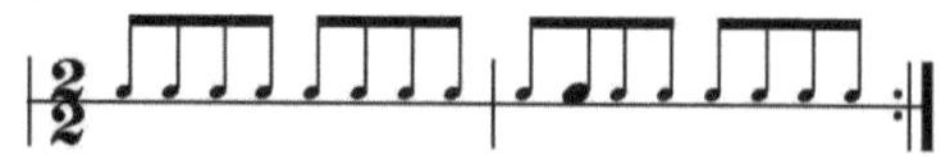

C

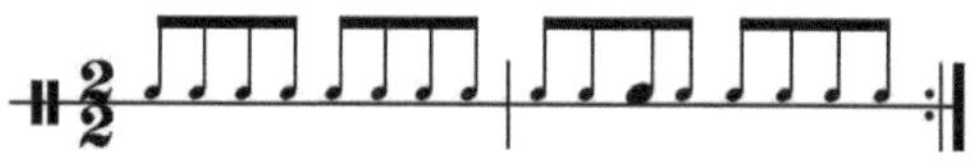

D

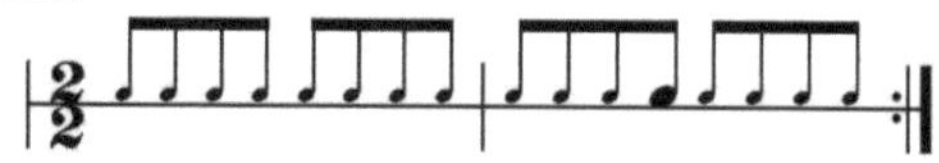

E

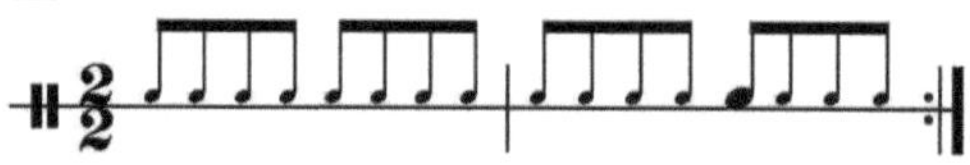

F

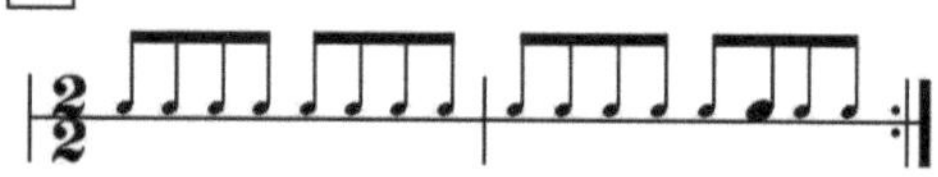

G

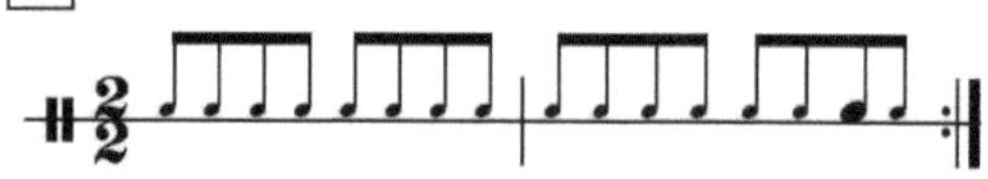

H

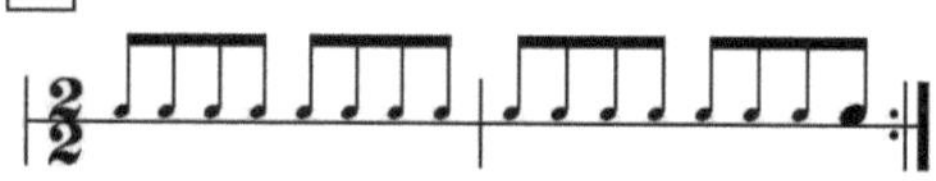

I

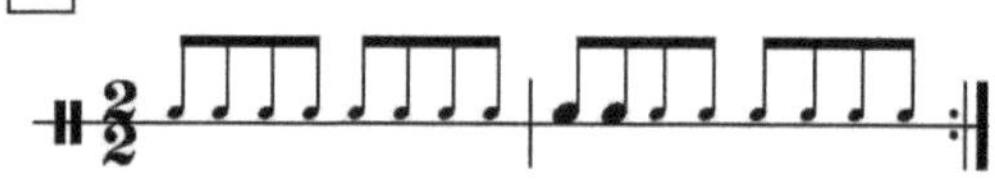

J

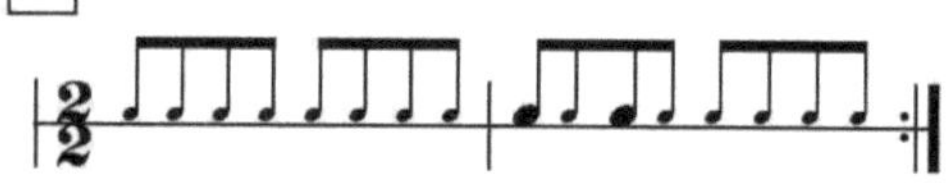

K

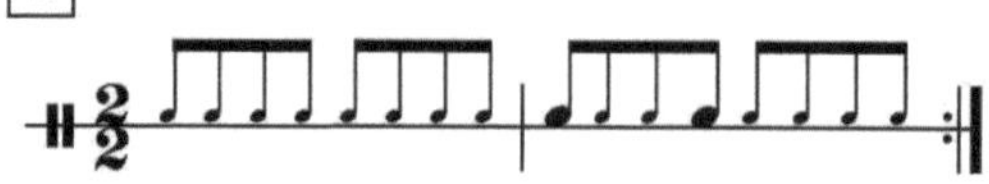

L

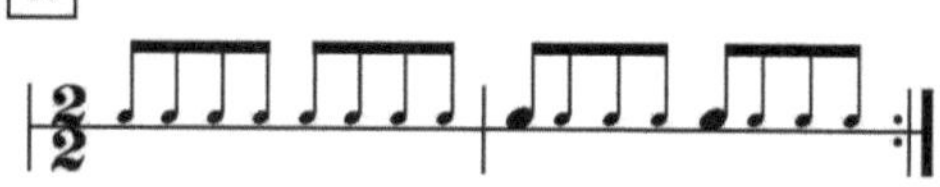

M

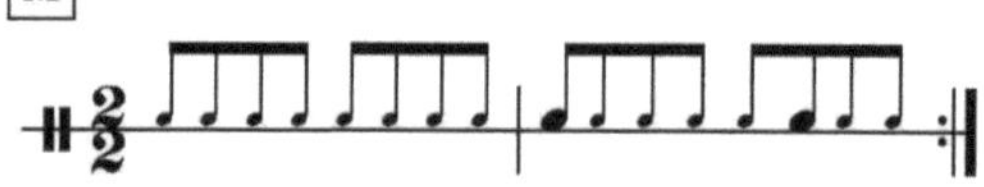

N

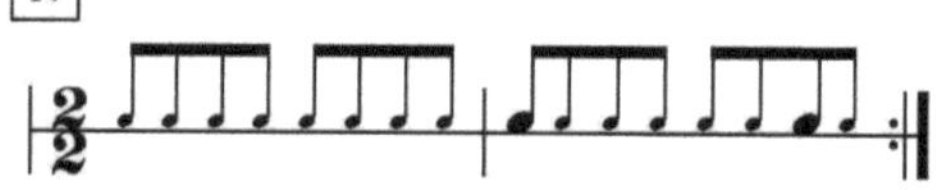

O

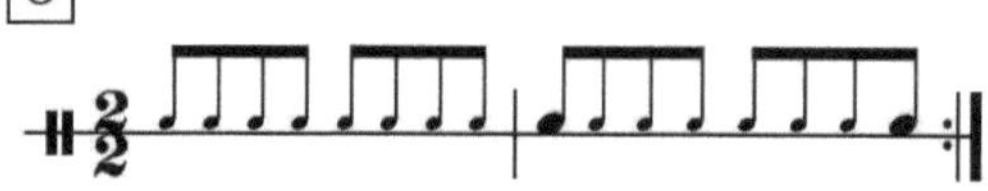

Übung 2

A

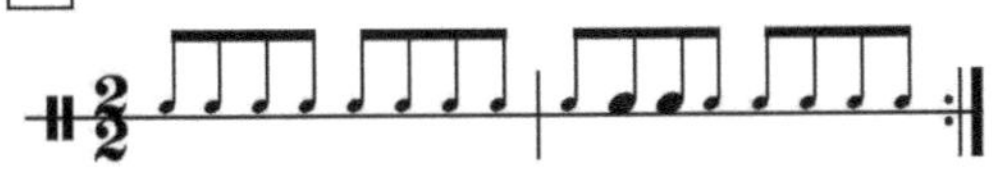

B

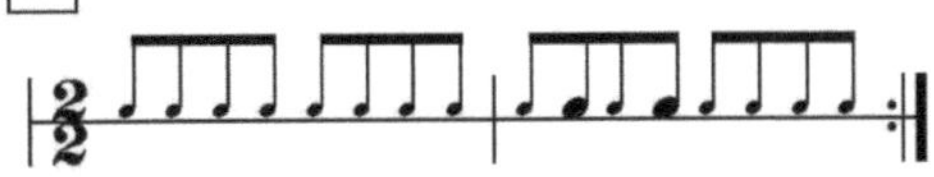

C

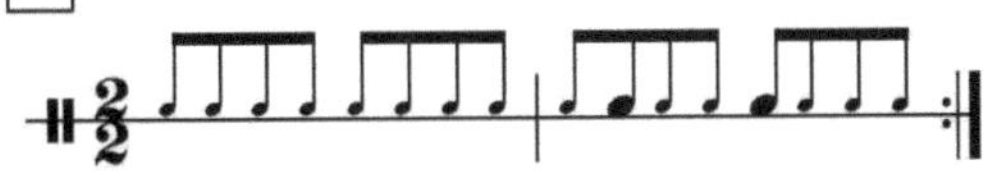

D

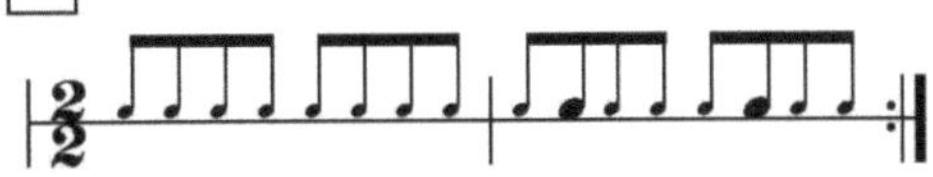

E

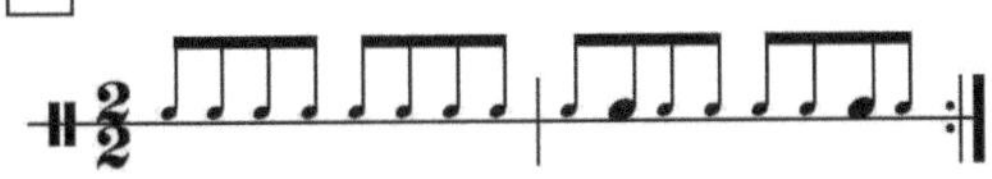

F

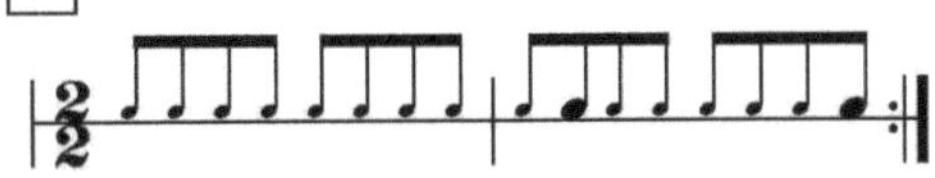

G

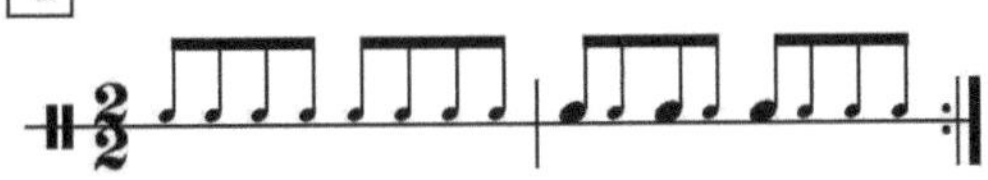

H

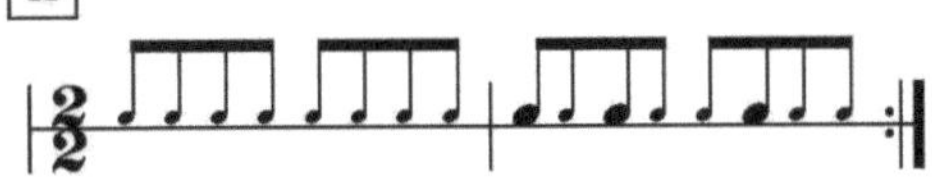

I

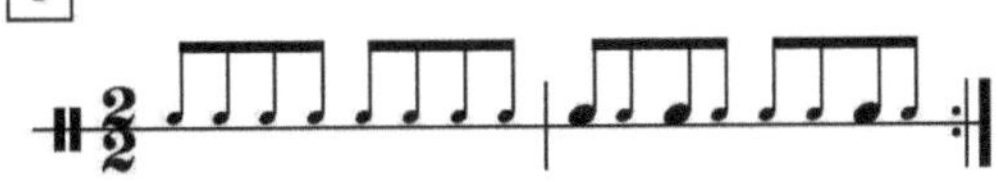

J

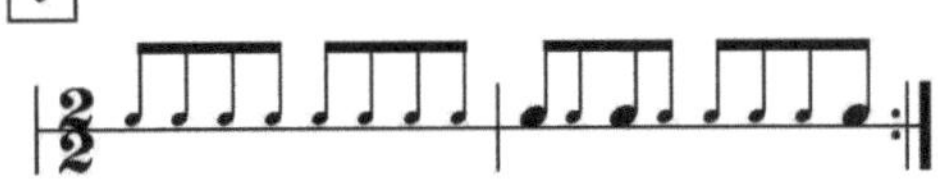

K

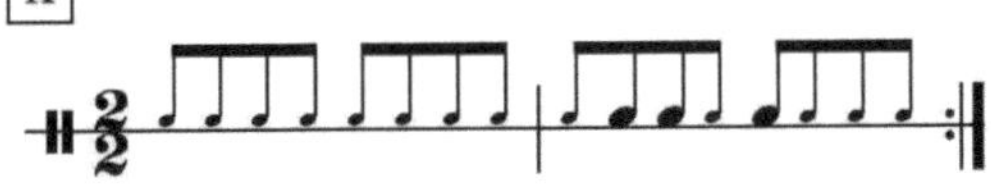

L

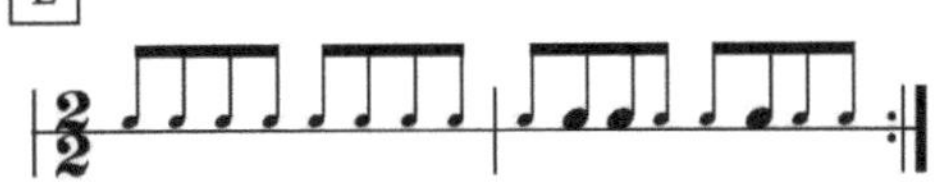

M

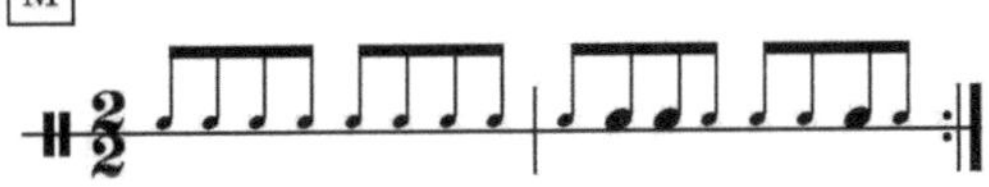

N

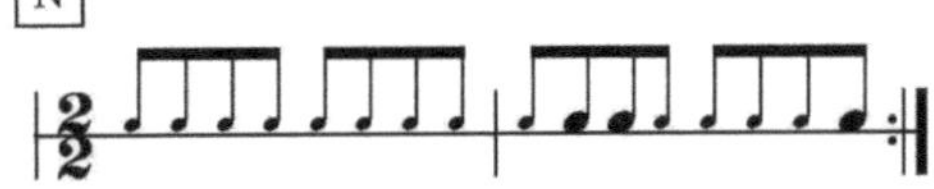

O

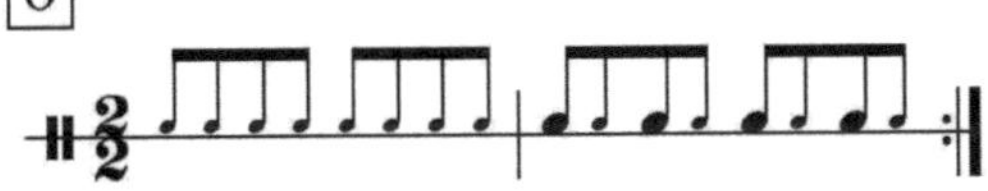

P

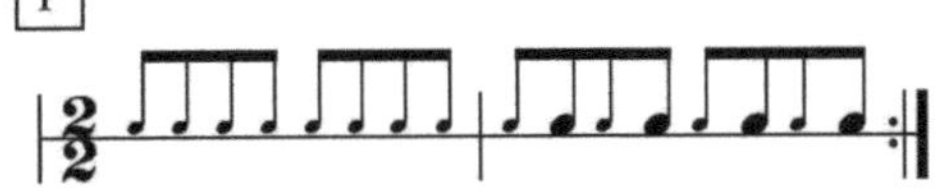

Akzente

Nachdem die Akzentübungen gemeistert sind, sollen die Lesetexte (S. 65f) auf die gleiche Weise gespielt werden.

Das folgende Beispiel zeigt *Lesetext* 1 Abschnitt A:

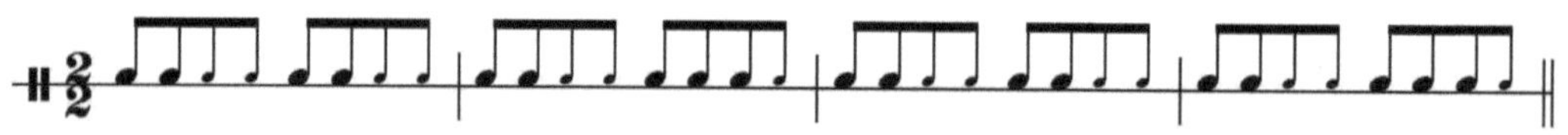

Das folgende Beispiel zeigt *Lesetext* 2 Abschnitt A:

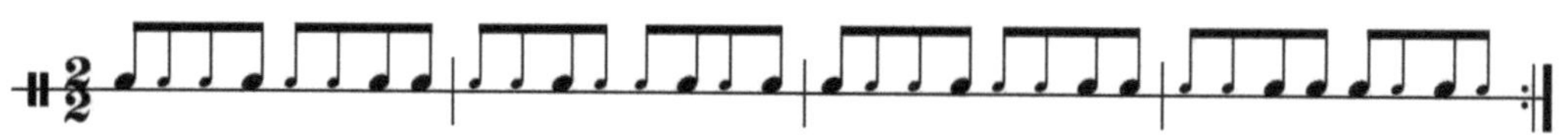

Für weitere Übungen zum Thema Akzente, Single Strokes, Double Strokes sowie Inverted Double Strokes, Flams etc. sei an dieser Stelle auf das Buch „Daily Drumset Workout" von Claus Hessler verwiesen. Auch wenn der Titel anderes vermuten lässt, können viele der dort enthaltenen Übungen auch auf der Cajón umgesetzt werden.

Lesetexte

Die *Lesetexte* 1 und 2 sind rhythmisch mit *Solo* 1 und *Solo* 2 des Kapitels *„Nach Art der Qaida“* nahezu identisch. Wie die Lesetexte musikalisch genutzt werden können steht in den Kapiteln *„Koordination“* (S. 55ff) und *„Akzente“* (S. 61ff).

Lesetext 1

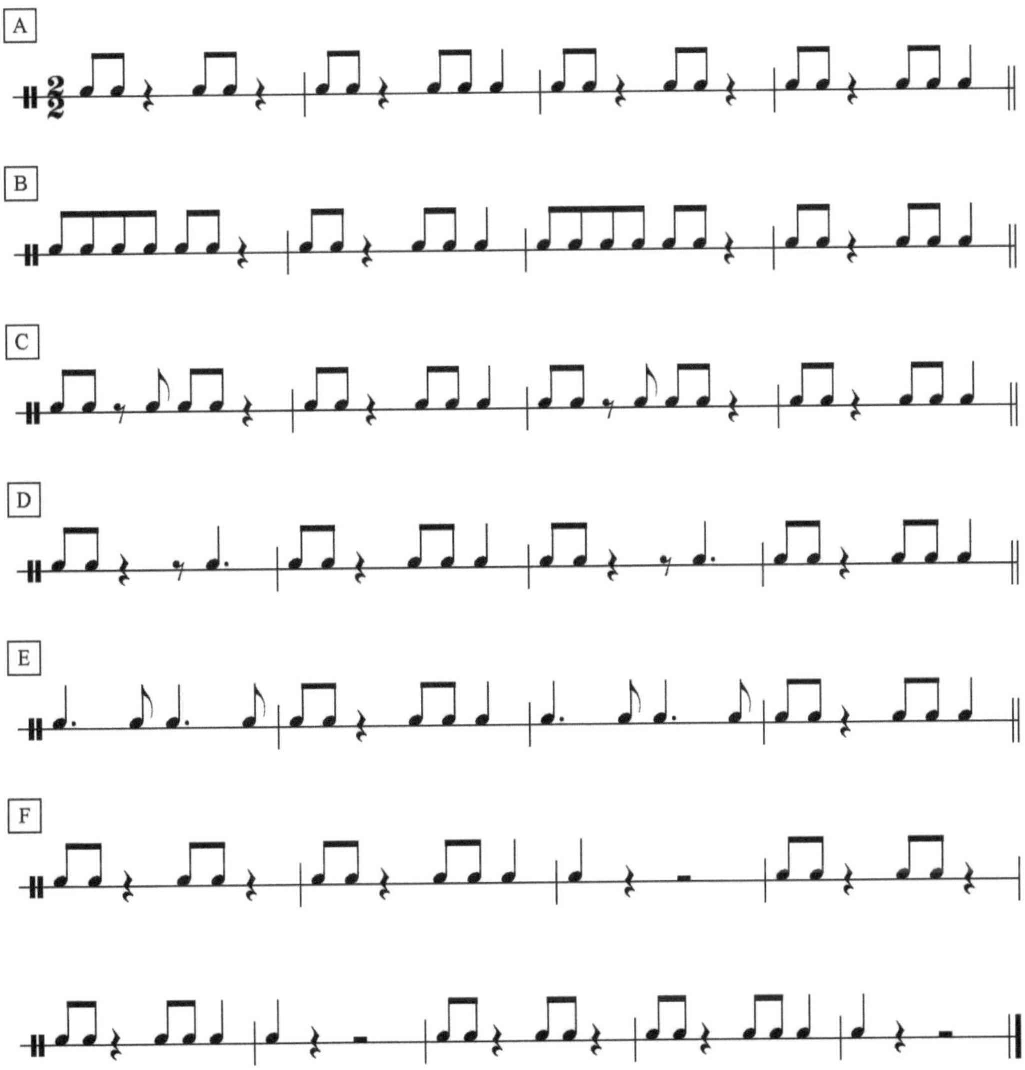

Lesetext 2

A

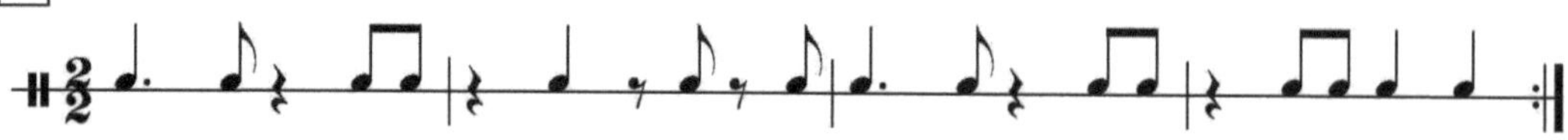

B

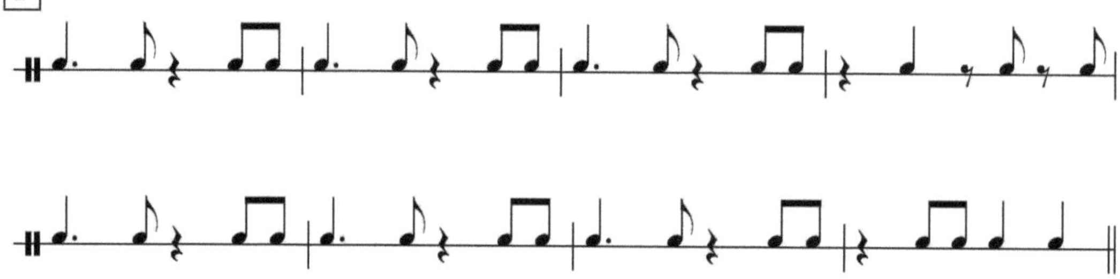

C

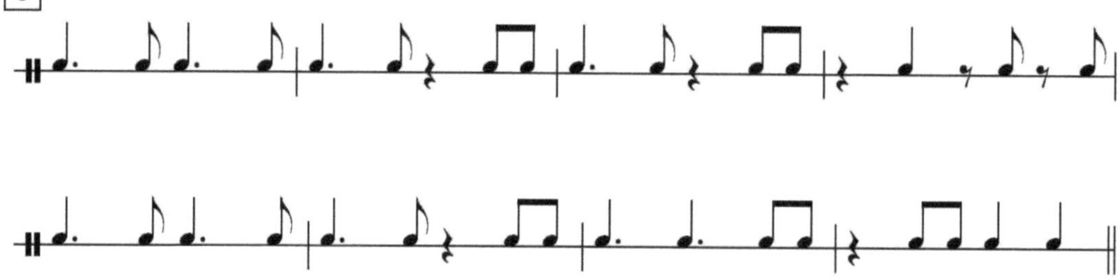

D

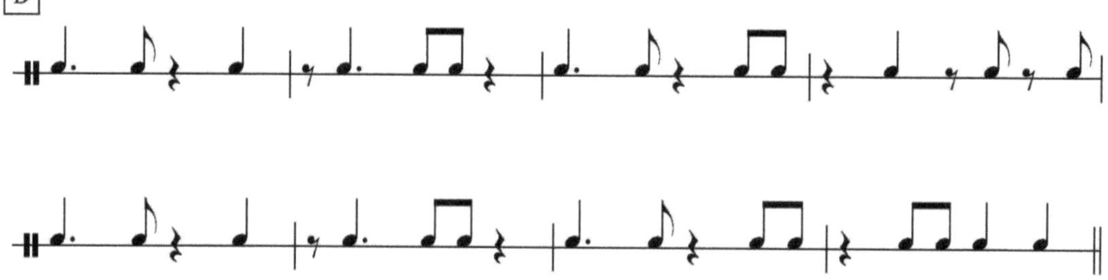

E

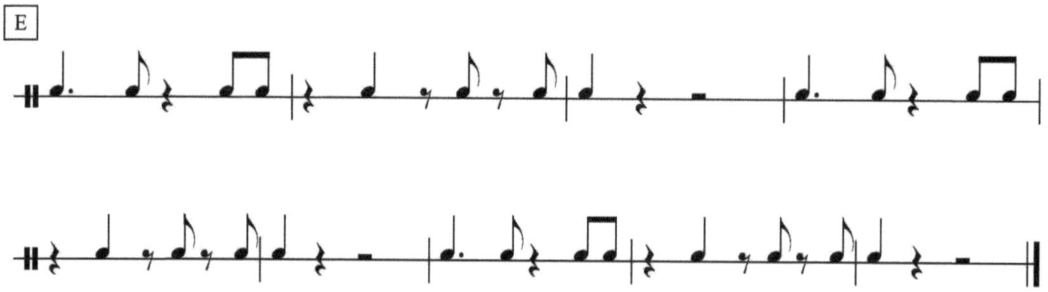

Warm-up reloaded

Warm-up für zwei Stimmen

Warm-up 1

Taktweiser Wechsel

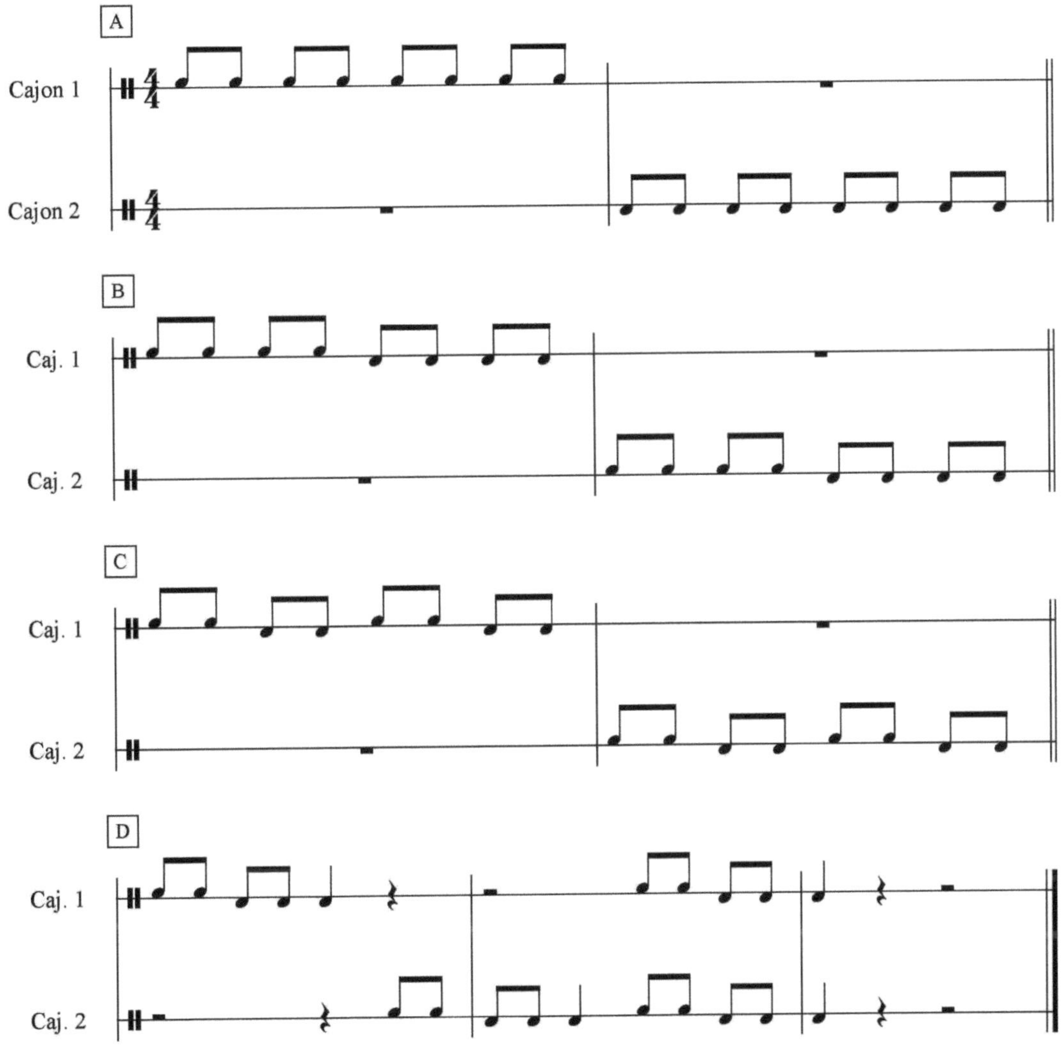

Bei D wurde zur Unterstützung der Schlusswirkung die Wechselfolge geändert.

Warm-up 1

Stimme 1 spielt *Ton* - Stimme 2 spielt *Bass*

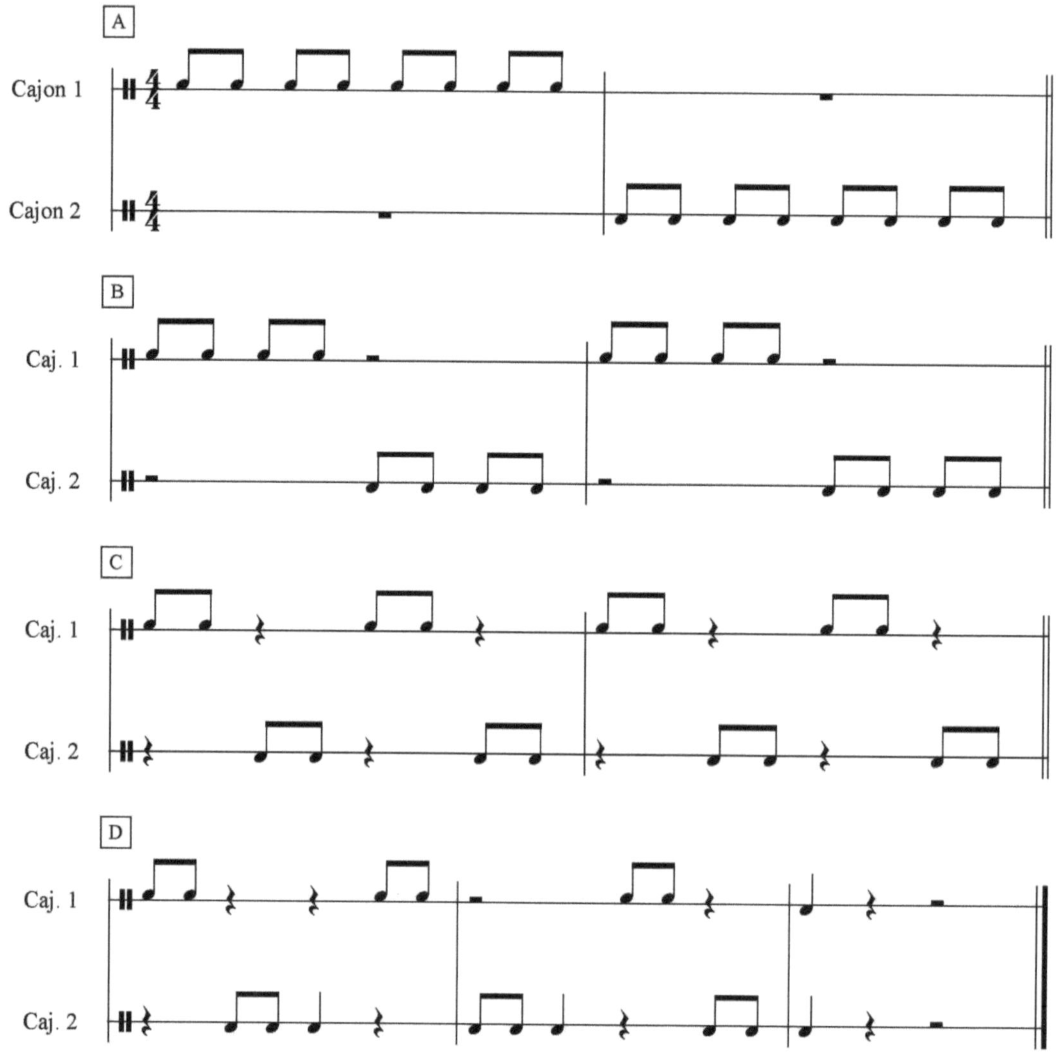

Übungshinweise

- Auf rhythmisch exakte Wechsel zwischen Cajón 1 und Cajón 2 achten.
- Beim Üben auch laut mitzählen.
- Es wird empfohlen mit einer Geschwindigkeit zu beginnen, in der fehlerfrei und entspannt gespielt werden kann. Später kann das Tempo schrittweise geändert werden.
- Auch mit Metronom üben.
- Auf diese Weisen auch *Warm-up* 2 (S. 18) und *Warm-up* 3 (S. 20) spielen.

Warm-up 1.1

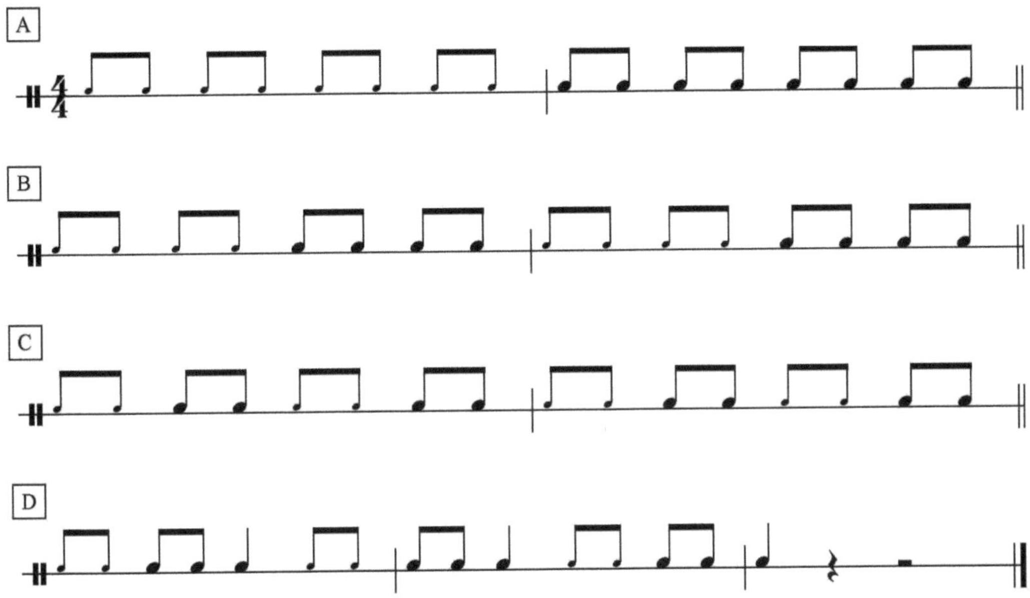

Warm-up 2.1

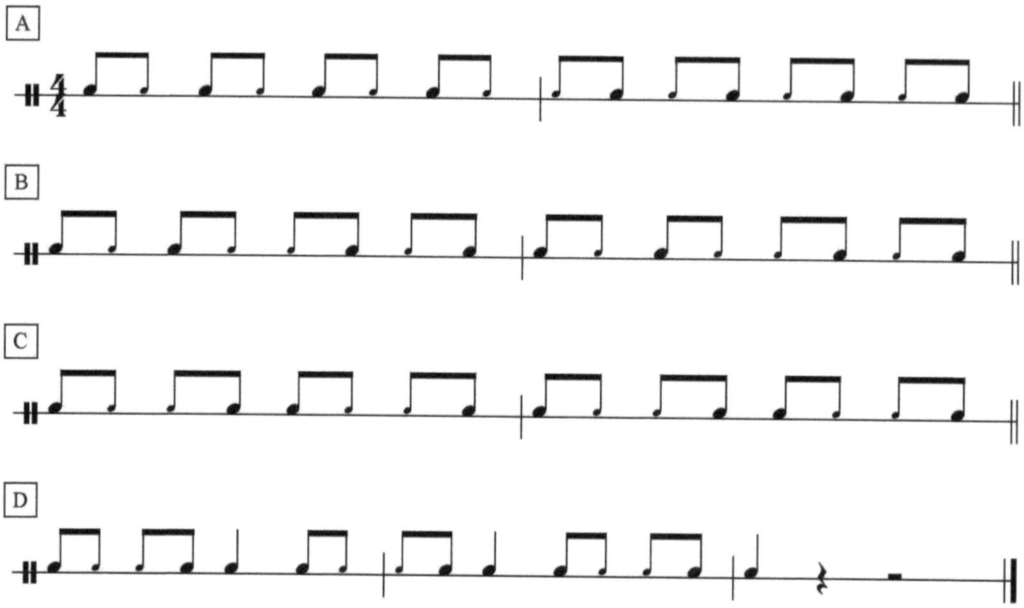

Warm-up 2.2

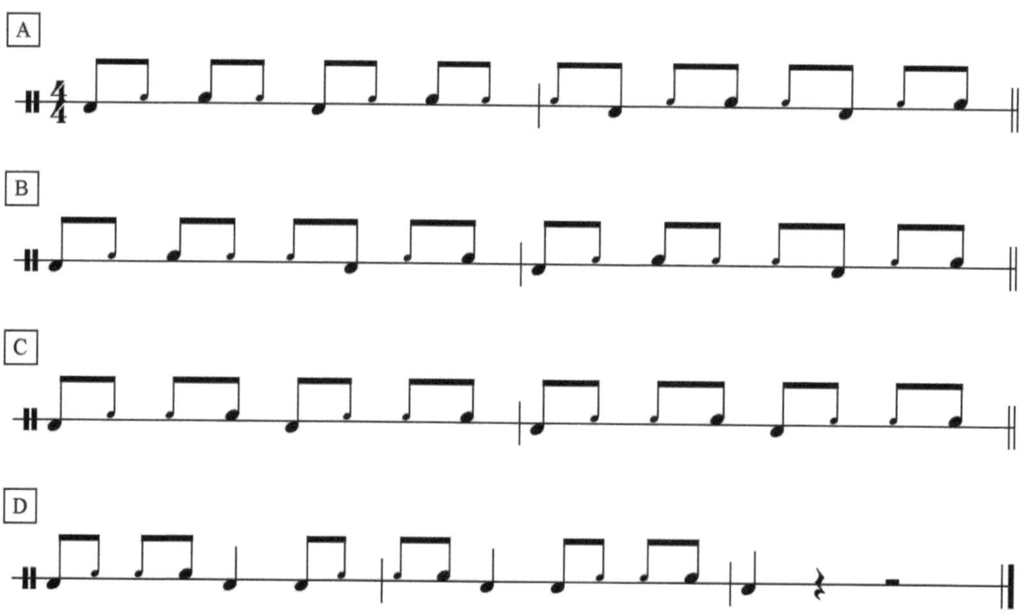

Warm-up 3.1

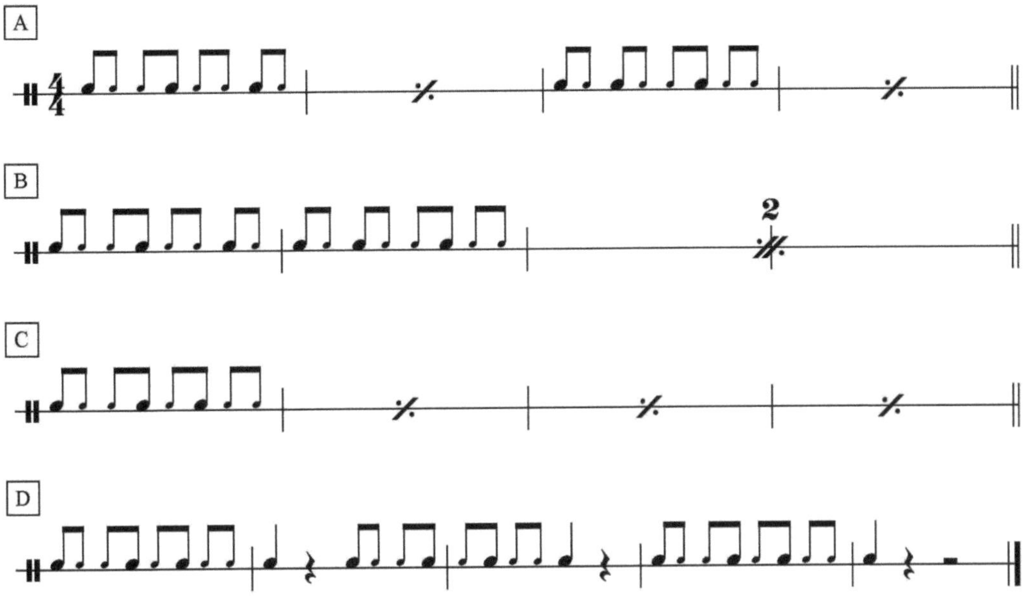

Warm-up 3.2

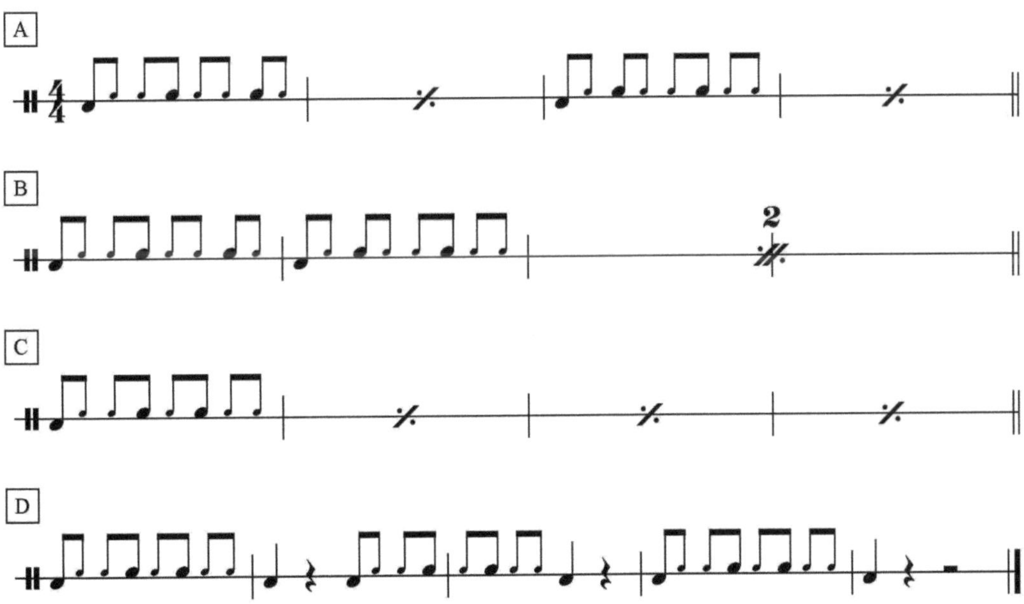

Warm-up 3.3

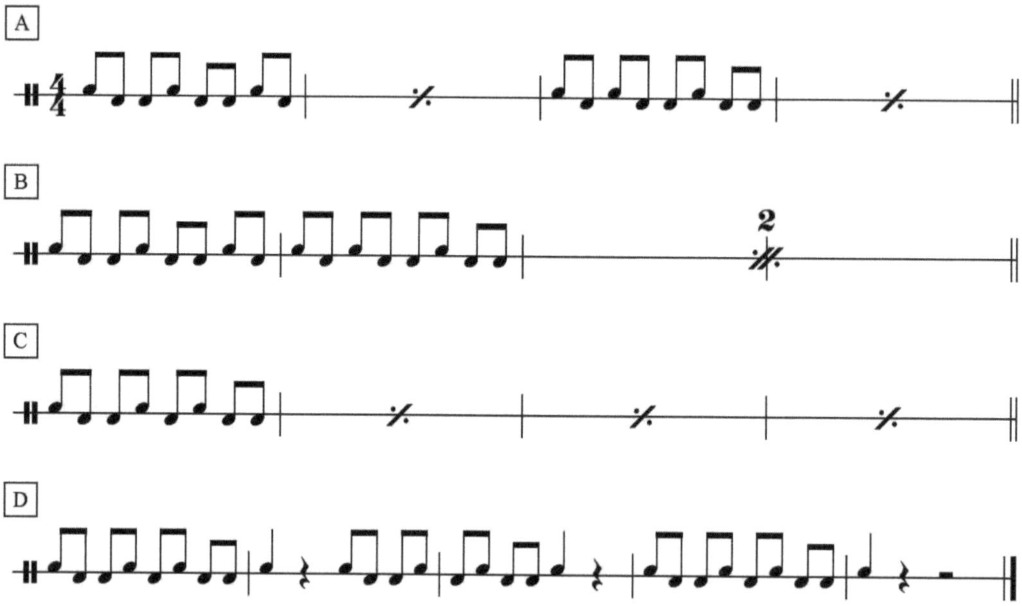

Warm-up 3.4

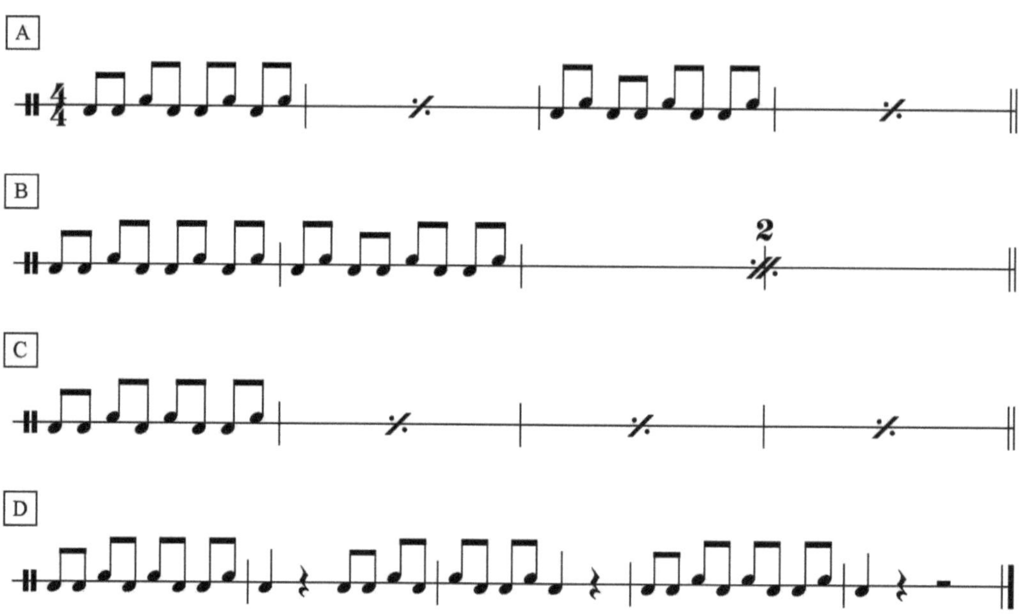

Warm-up 3.5

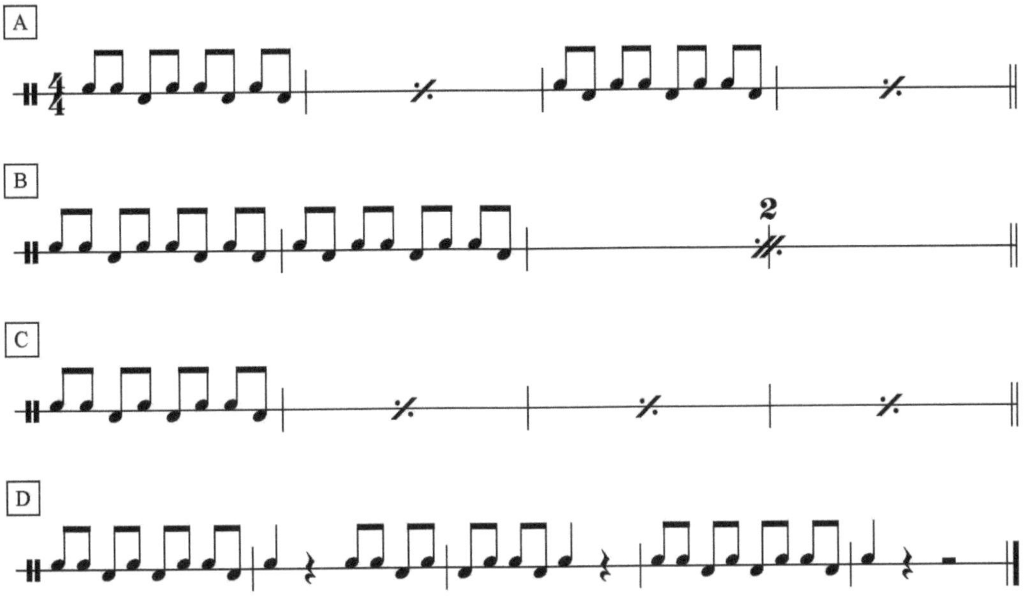

Übungshinweise

- Auf die Klangunterschiede zwischen *Bass*, *Ton* und *Ghostenotes* achten.
- Ziel ist es, ein *Warm-up* komplett zu spielen. Sollten einige Stellen Schwierigkeiten bereiten, kann der betreffende Abschnitt einzeln und wiederholt geübt werden.
- Beim Üben auch laut mitzählen.
- Es wird empfohlen mit einer Geschwindigkeit zu beginnen, in der fehlerfrei und entspannt gespielt werden kann. Später kann das Tempo schrittweise geändert werden.
- Auch mit Metronom üben.
- Die *Warm-ups* auch ohne Noten spielen.
- Die *Warm-ups* auch mit verschiedenen Handsätzen spielen.

Performance

Track 30

Performance 1

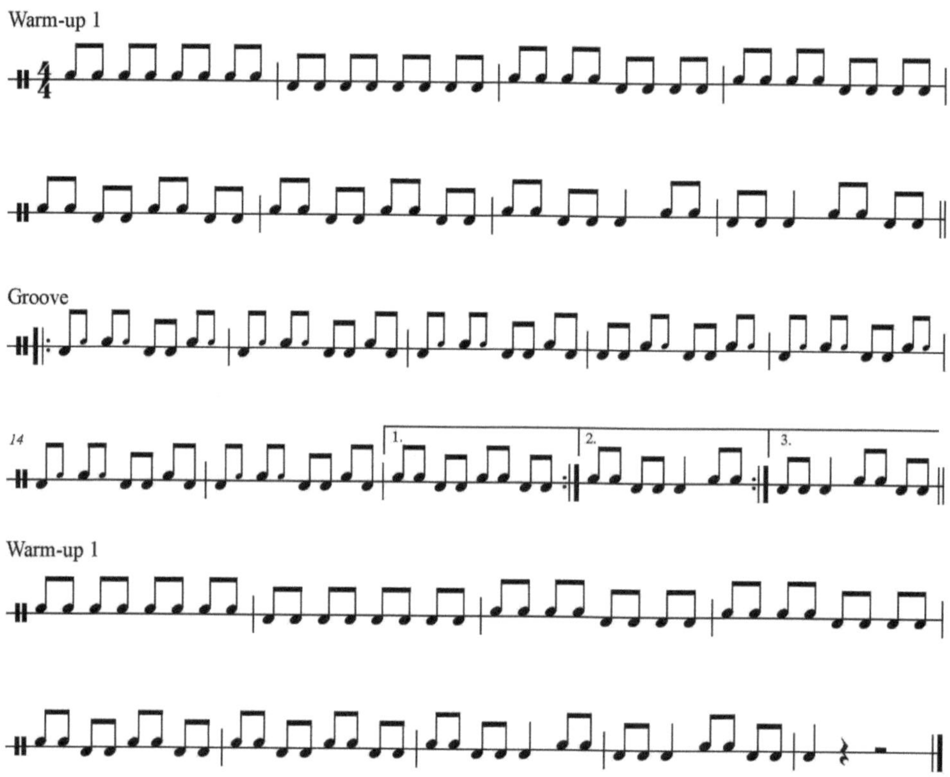

<u>**im Überblick:**</u>

- ***Warm-up* 1**
- ***Groove*** mit *Fills*
- ***Warm-up* 1**

Performance 2

Track 31

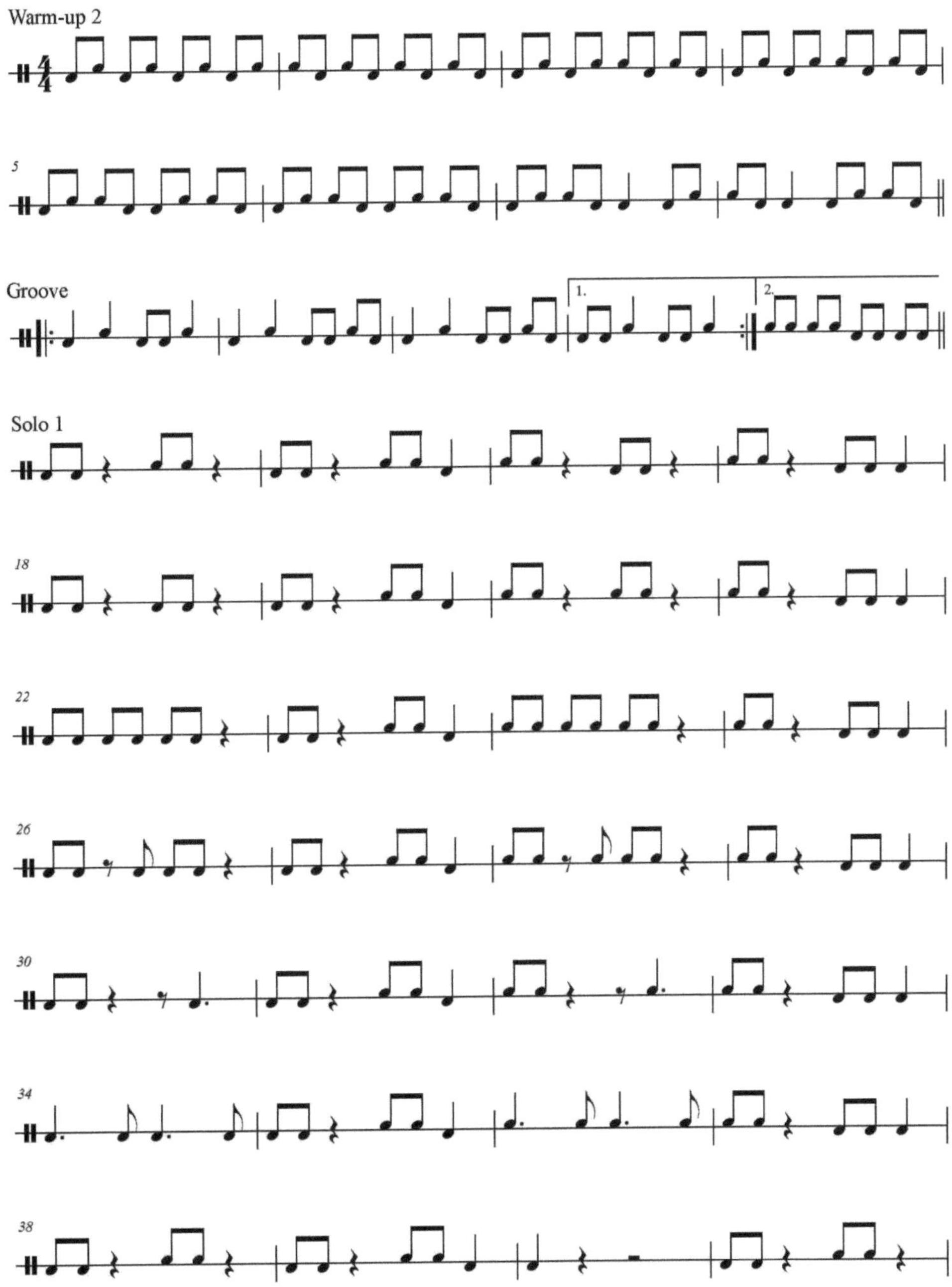

Performance 2, Seite 2

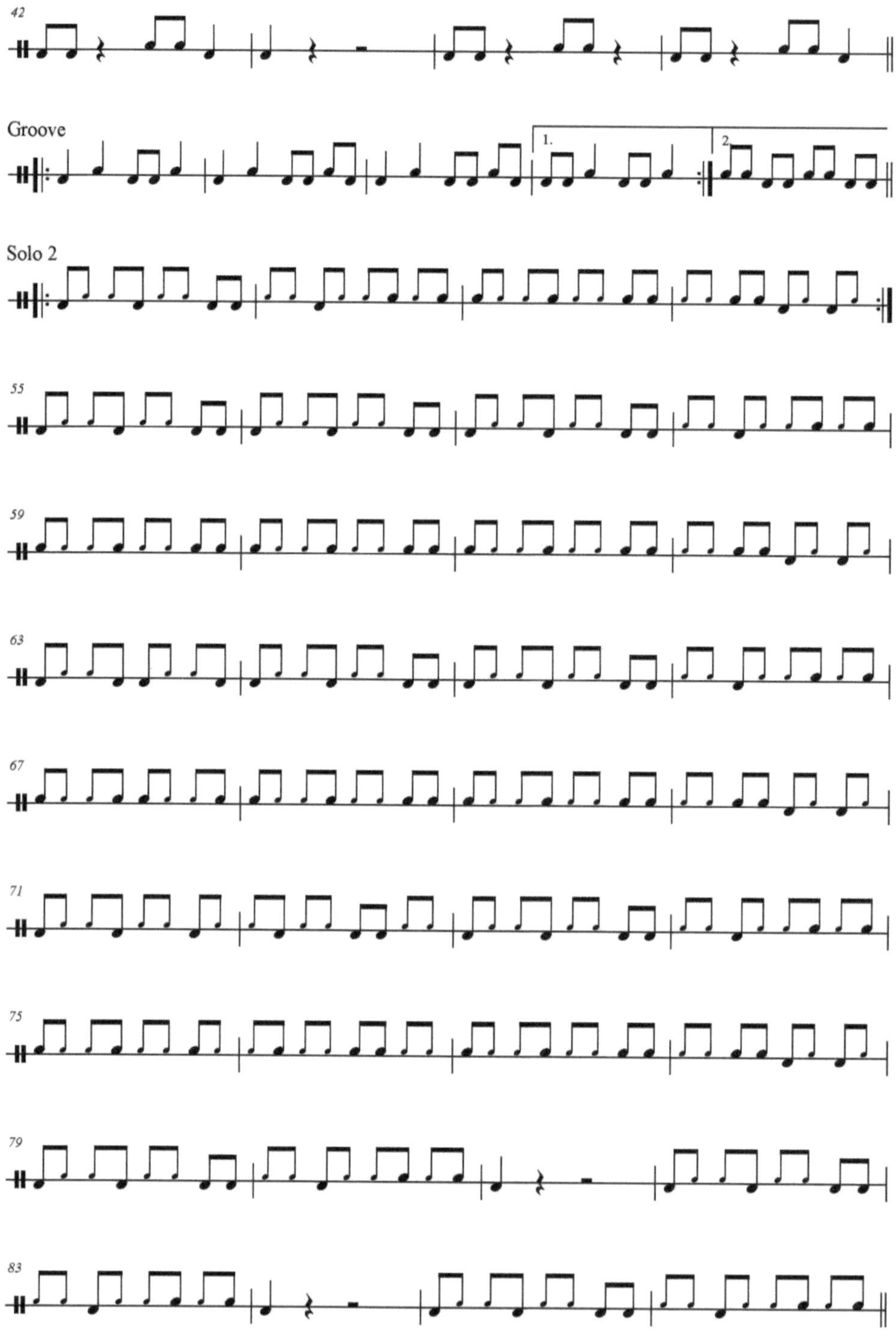

Performance 2, Seite 3

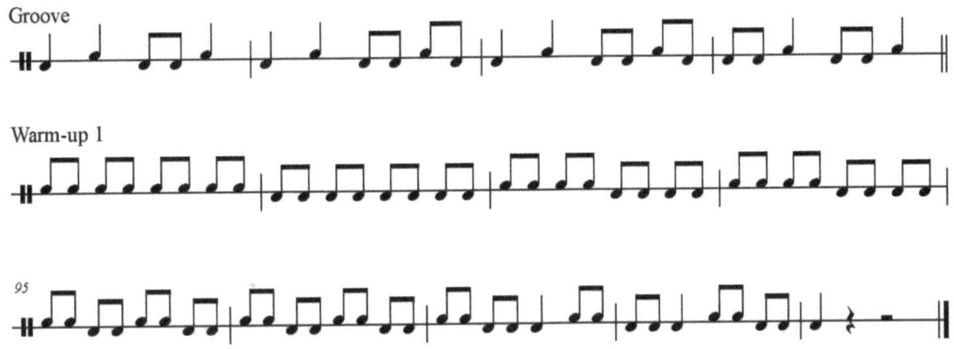

im Überblick:

- ***Warm-up*** **2**
- ***Groove*** mit *Fill*
- ***Solo*** **1**
- ***Groove*** mit *Fill*
- ***Solo*** **2**
- ***Groove***
- ***Warm-up*** **1**

Performance 3

Track
32 - 34

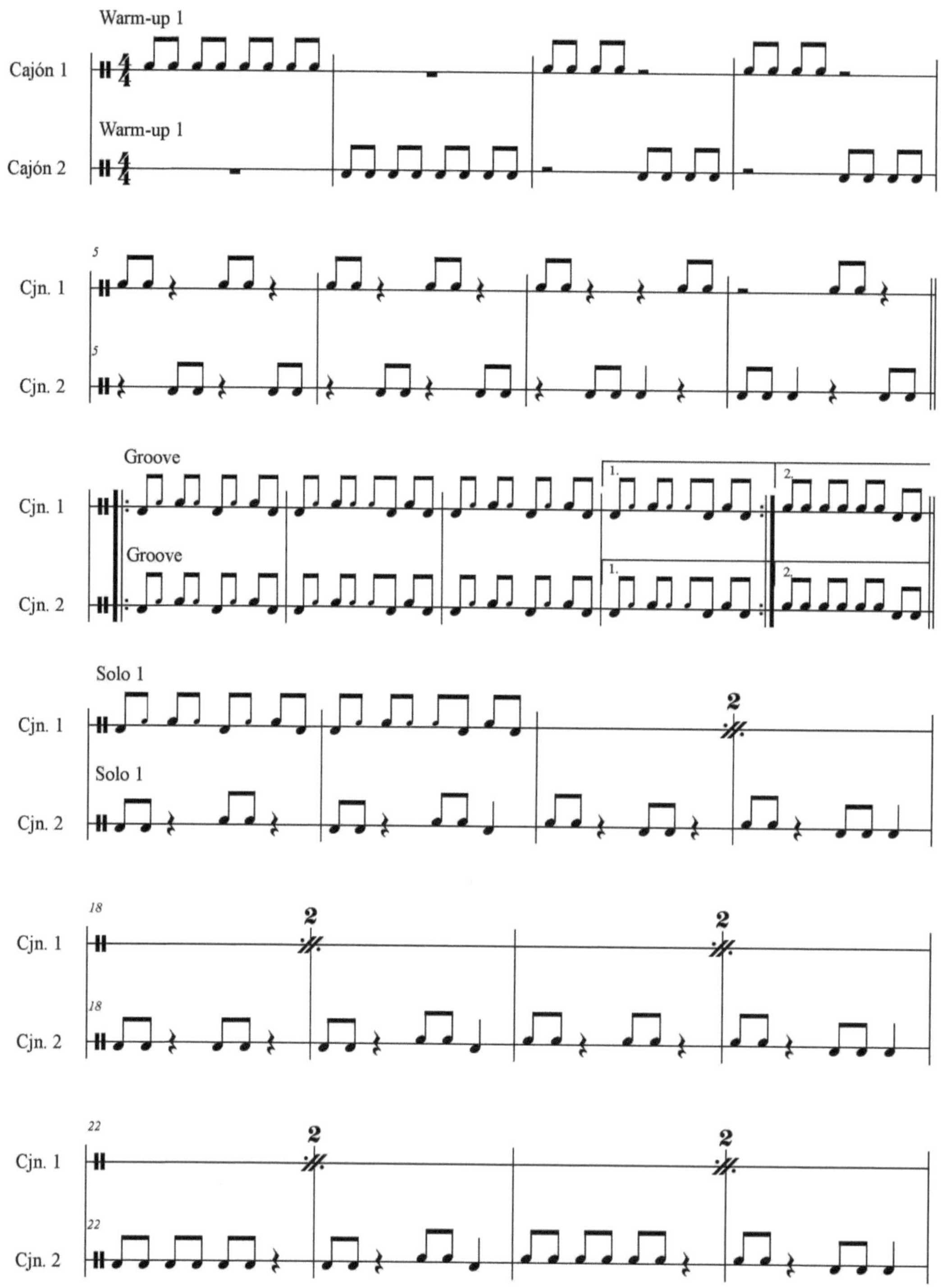

Performance 3, Seite 2

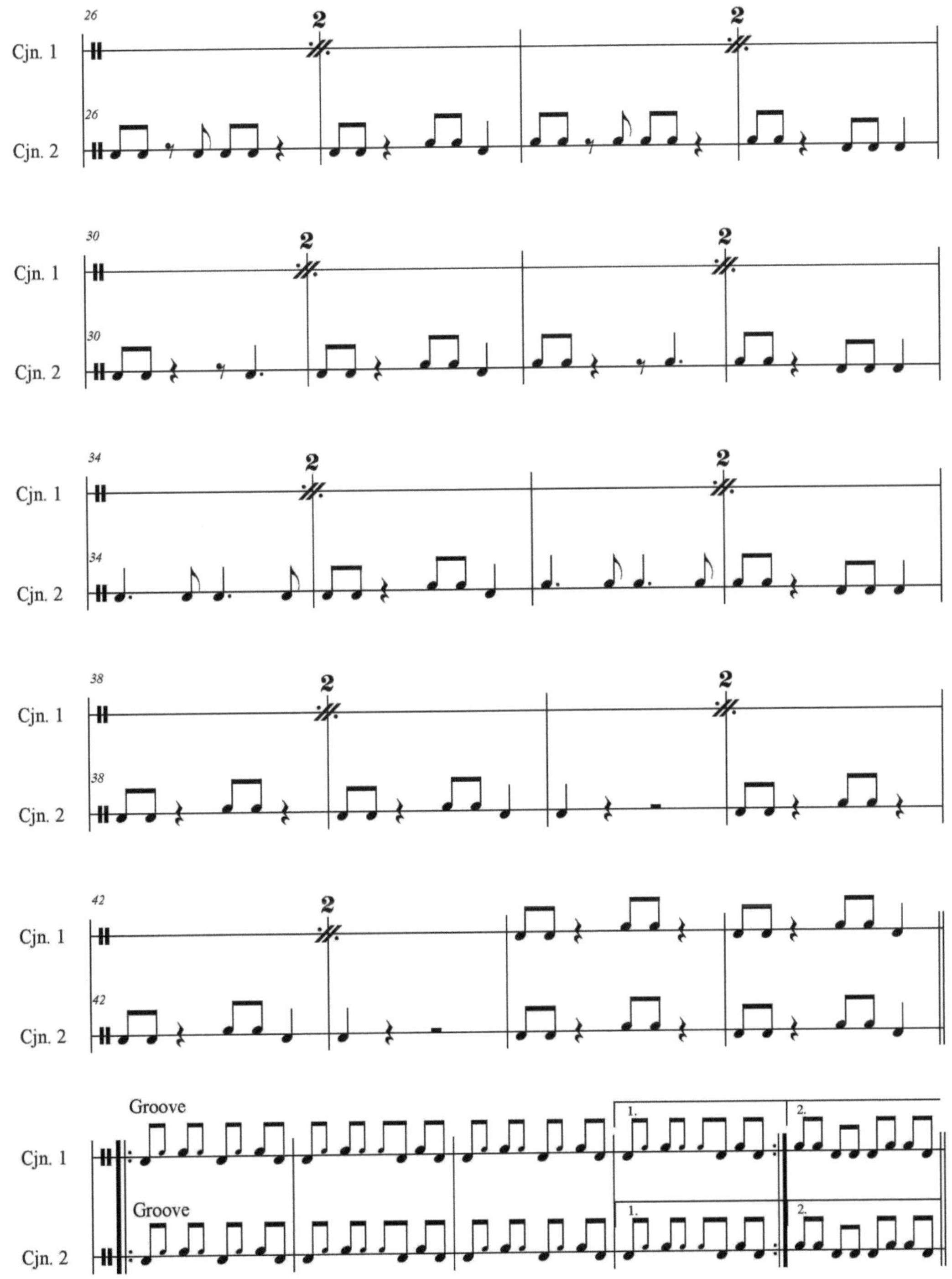

Performance 3, Seite 3

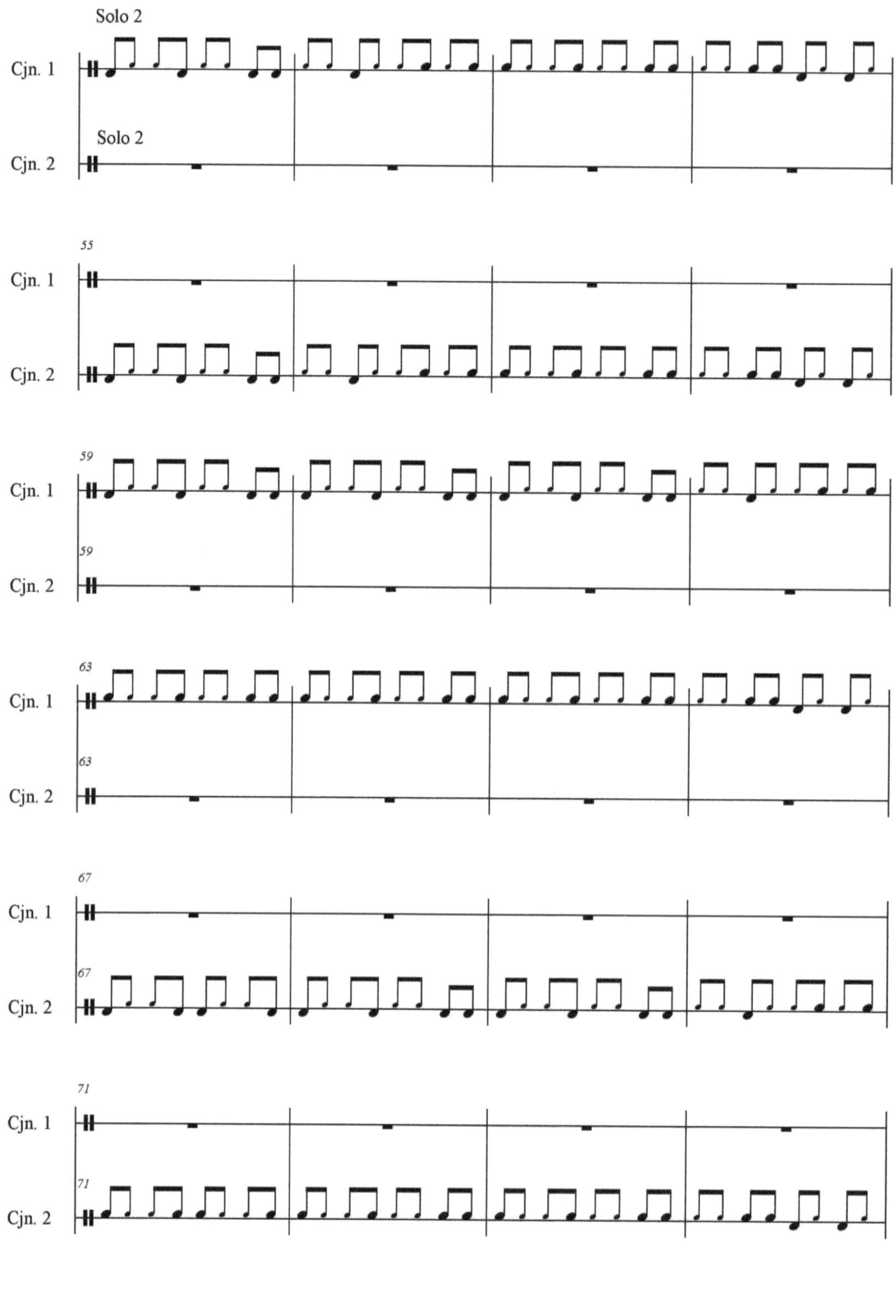

Performance 3, Seite 4

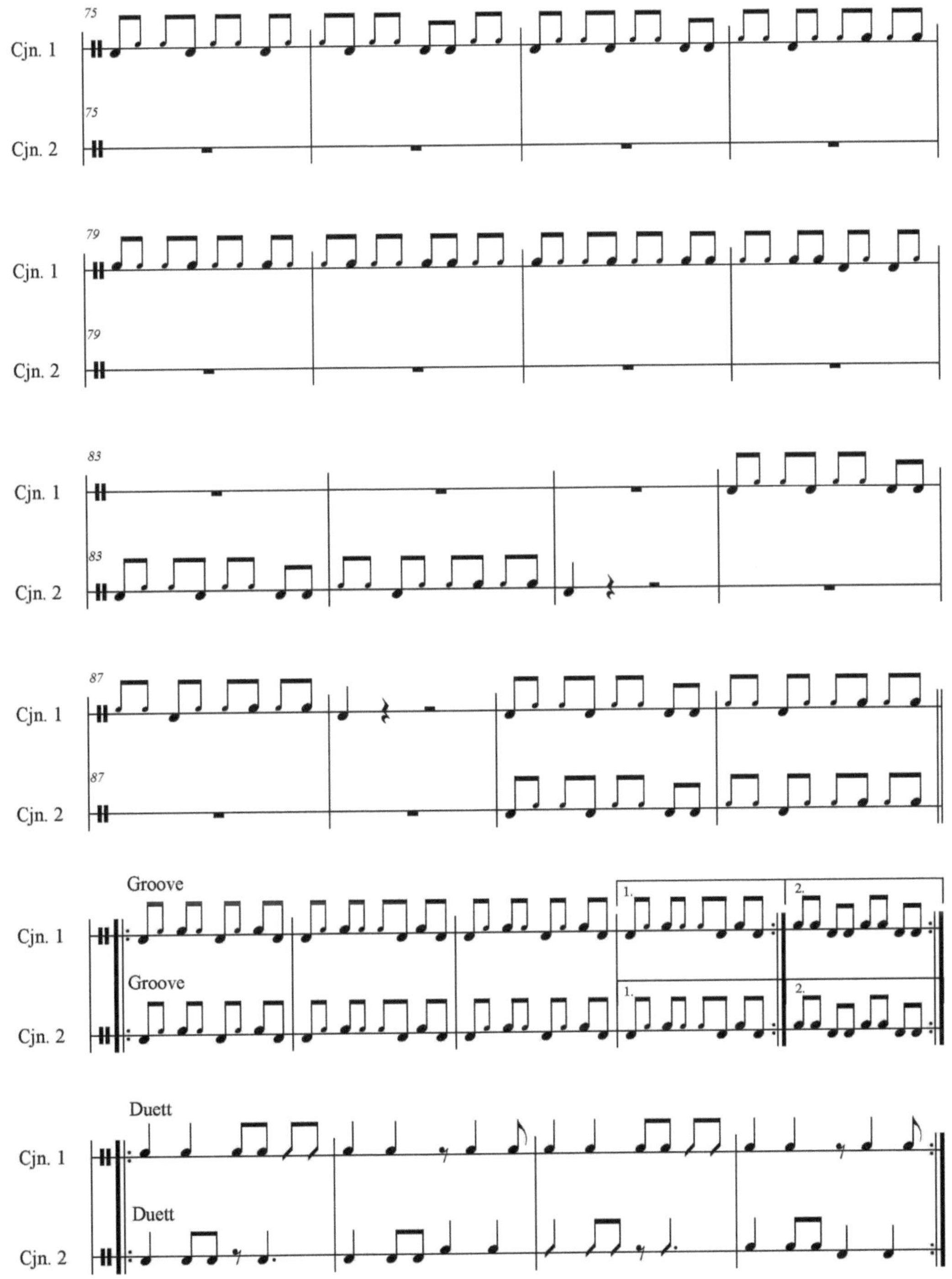

Performance 3, Seite 5

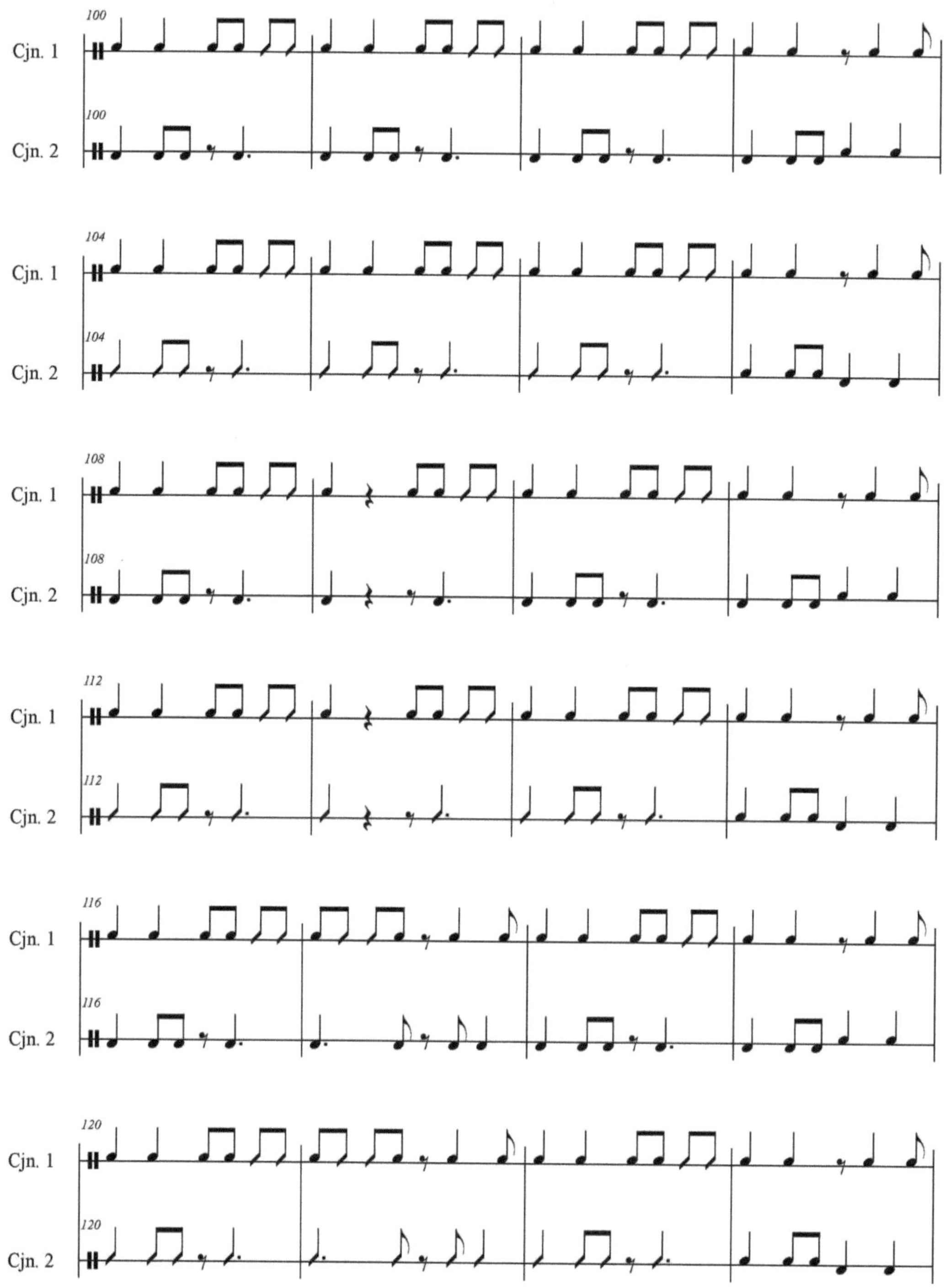

Performance 3, Seite 6

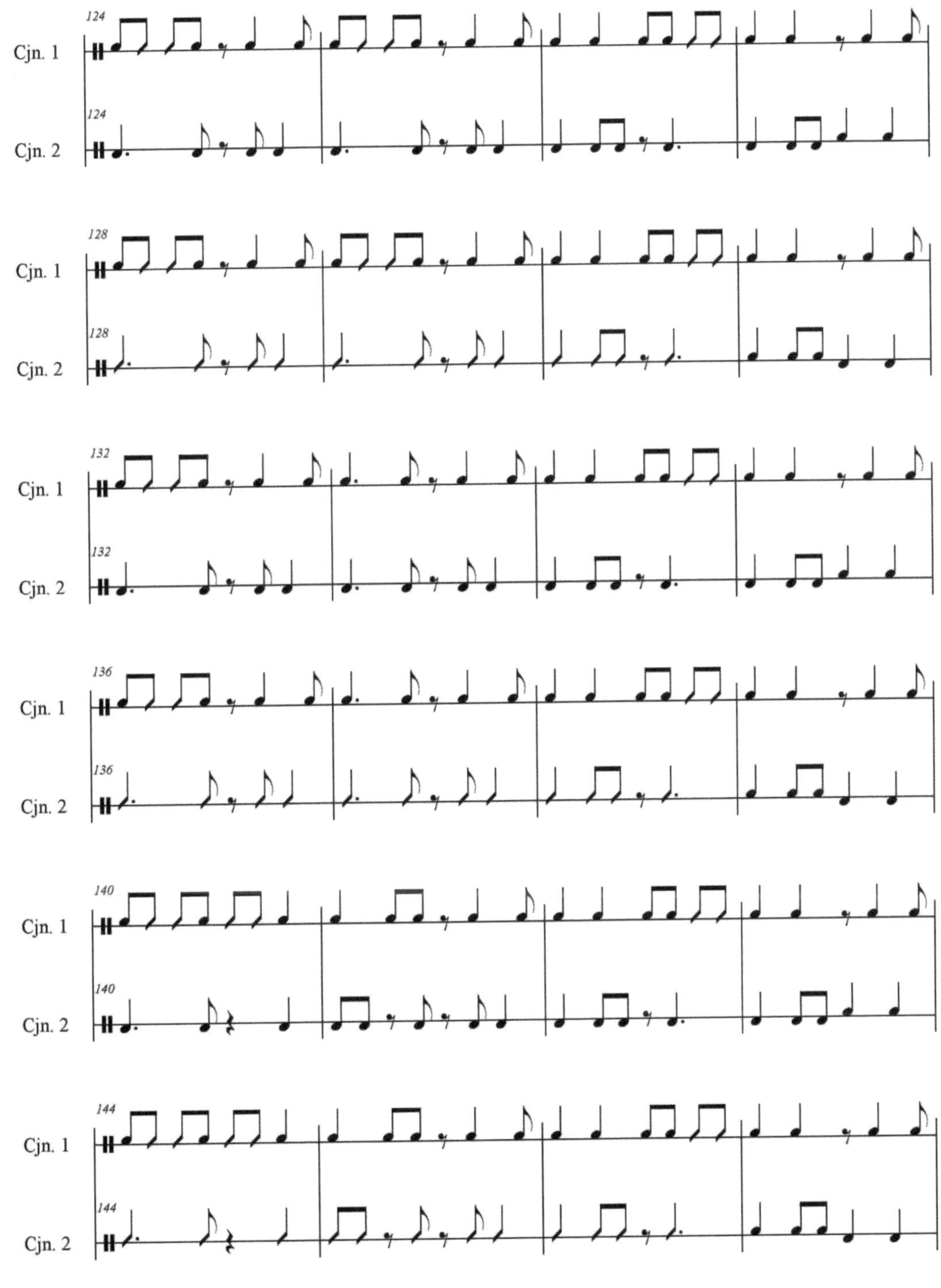

Performance 3, Seite 7

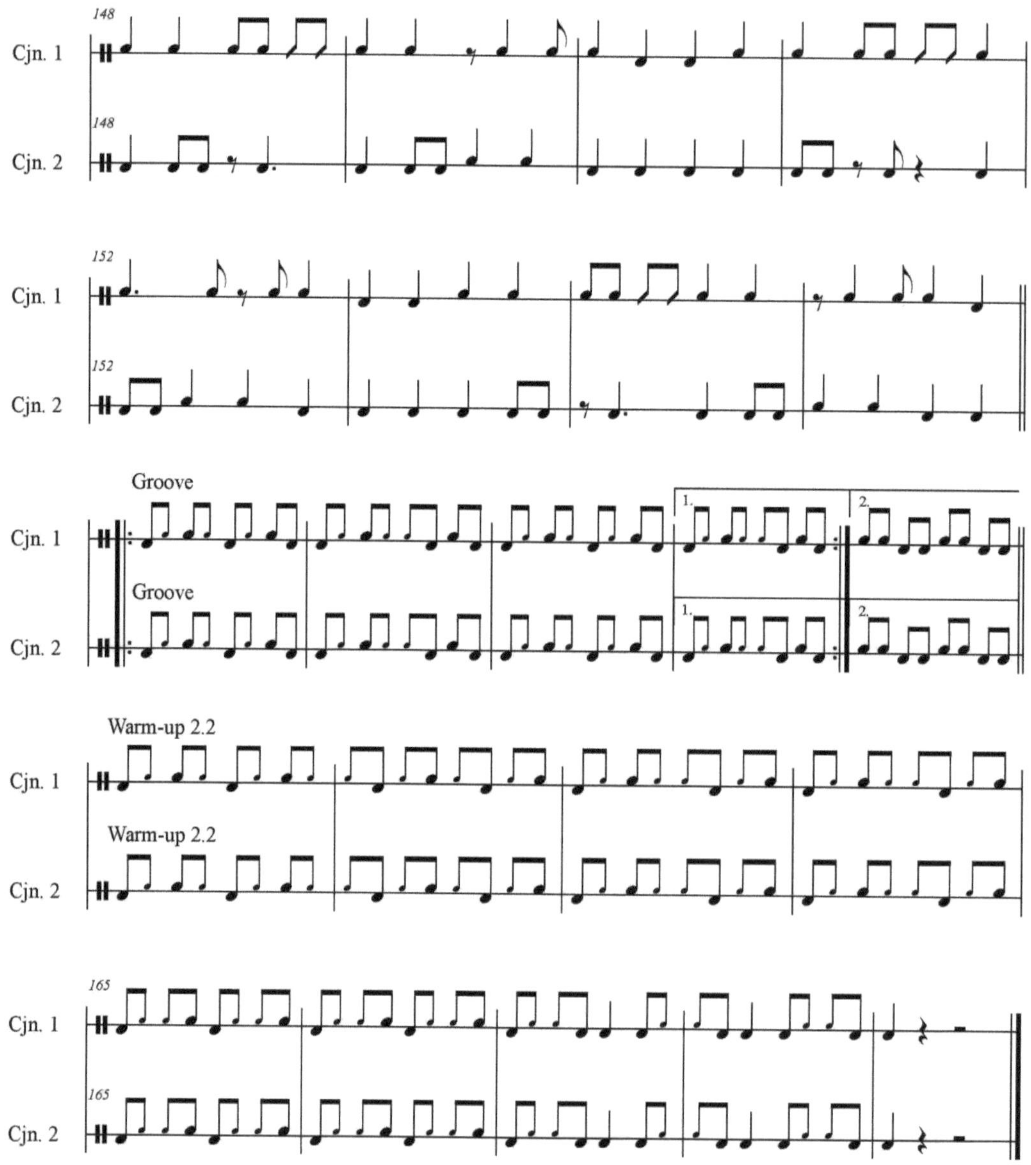

im Überblick:

- ***Warm-up* 1**, beide Stimmen im Wechsel
- ***Groove*** mit *Fill*
- ***Solo* 1**, eine Stimme spielt *Groove*, die andere Stimme spielt *Solo*
- ***Groove*** mit *Fill*
- ***Solo* 2**, beide Stimmen im Wechsel
- ***Groove*** mit *Fill*
- ***Duett***
- ***Groove*** mit *Fill*
- ***Warm-up* 2.2**

Performance 4

Track 35

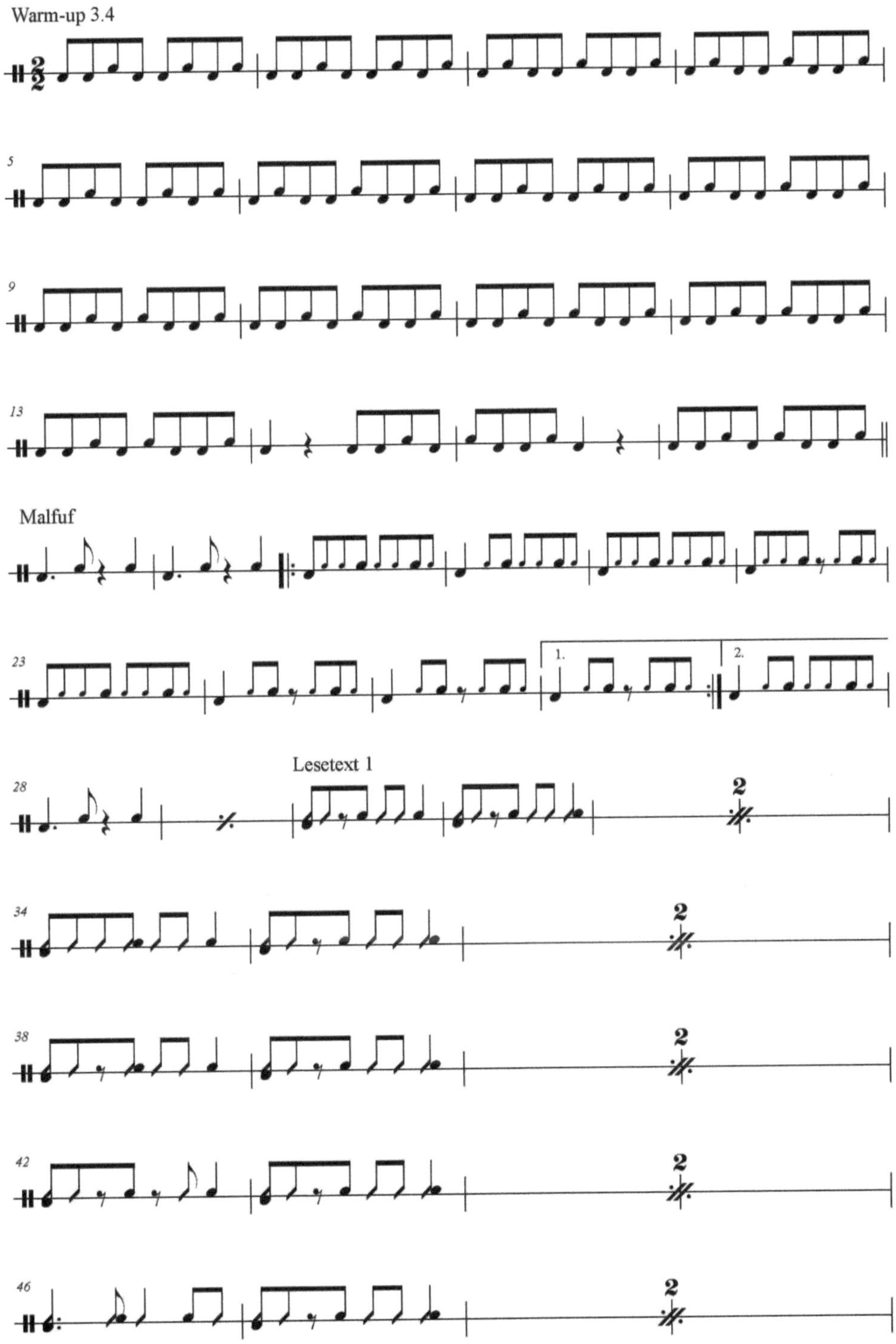

Performance 4, Seite 2

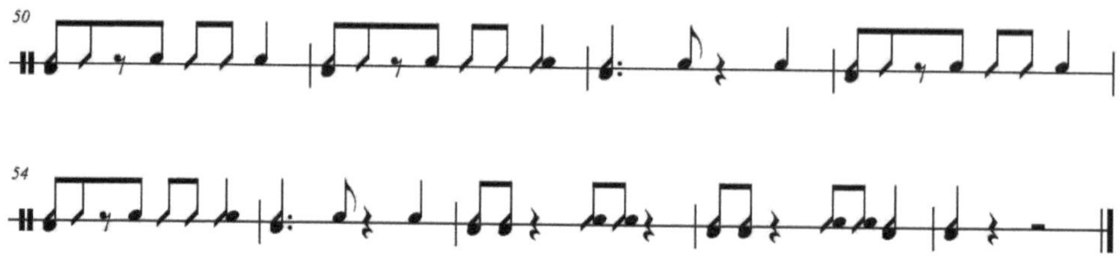

<u>im Überblick</u>:

- ***Warm-up* 3.4**
- **Malfuf**
- **Malfuf** mit *Lesetext* 1

Sollte die gleichzeitige Ausführung des Malfufs und des Lesetextes Schwierigkeiten bereiten, können die Übungen in Kapitel „Koordination“ (Seite 57f) hilfreich sein.

Performance 5

Track 36 - 38

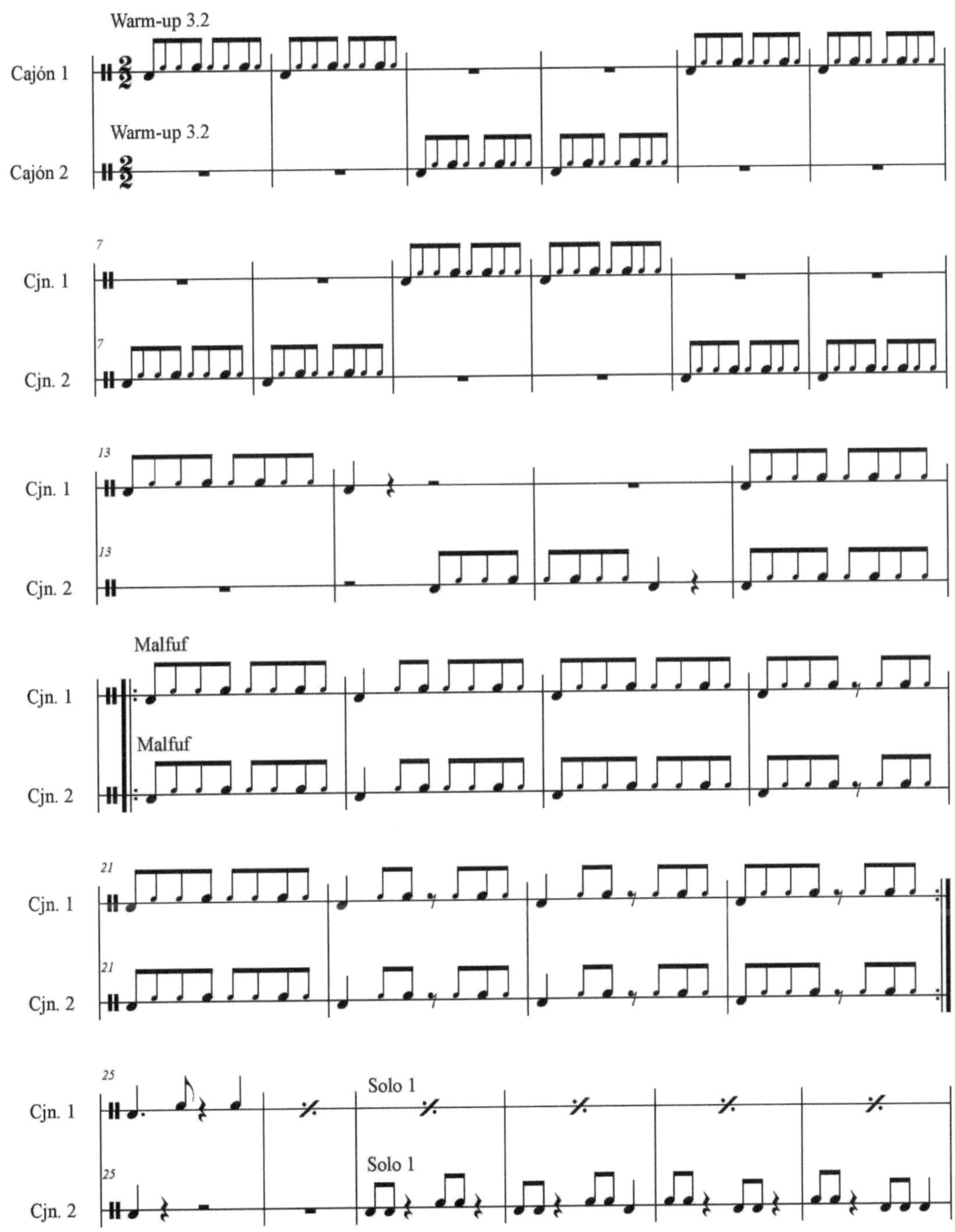

Performance 5, Seite 2

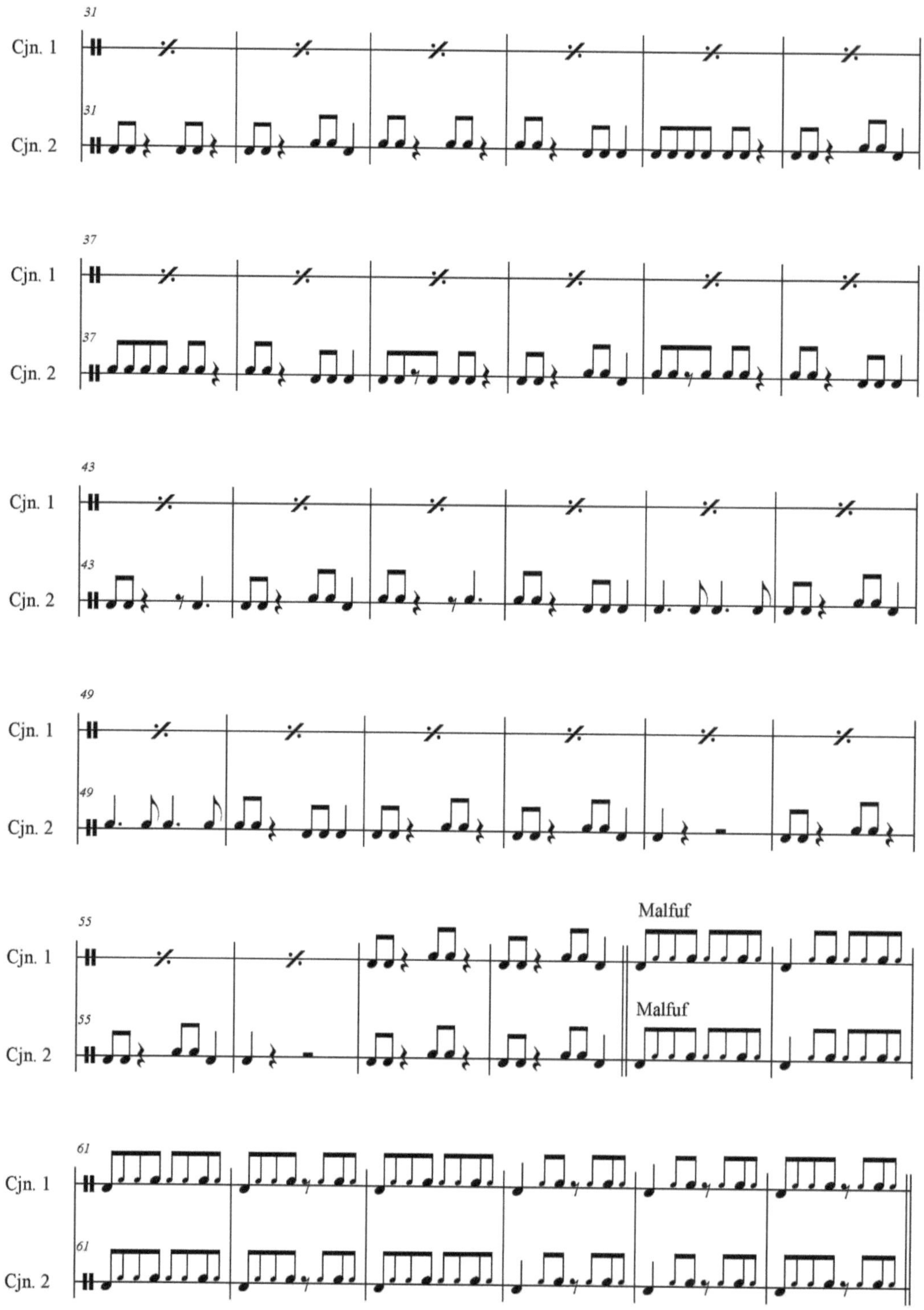

Performance 5, Seite 3

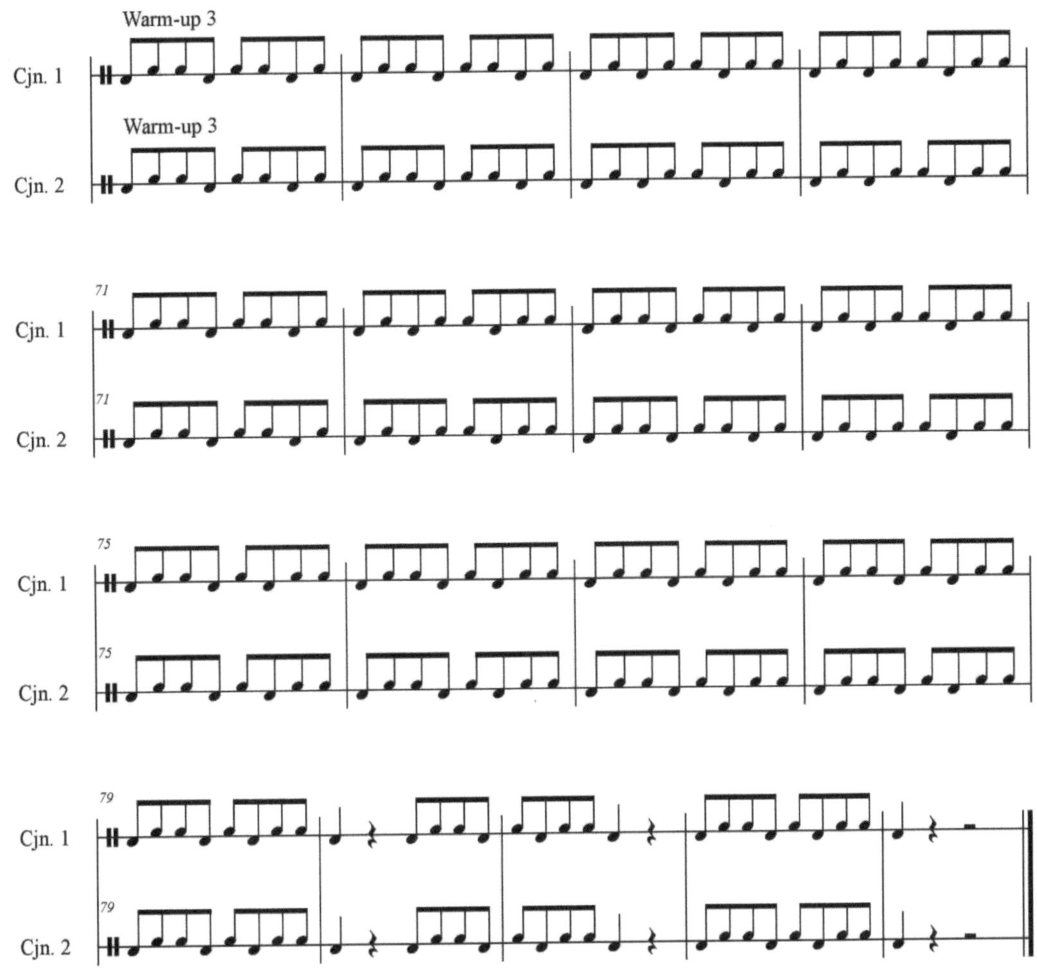

<u>**im Überblick**</u>:

- ***Warm-up* 3.2**, beide Stimmen im Wechsel
- **Malfuf**
- ***Solo* 1**, eine Stimme spielt Malfuf, die andere Stimme spielt *Solo*
- **Malfuf**
- ***Warm-up* 3**

Performance 6

Track 39

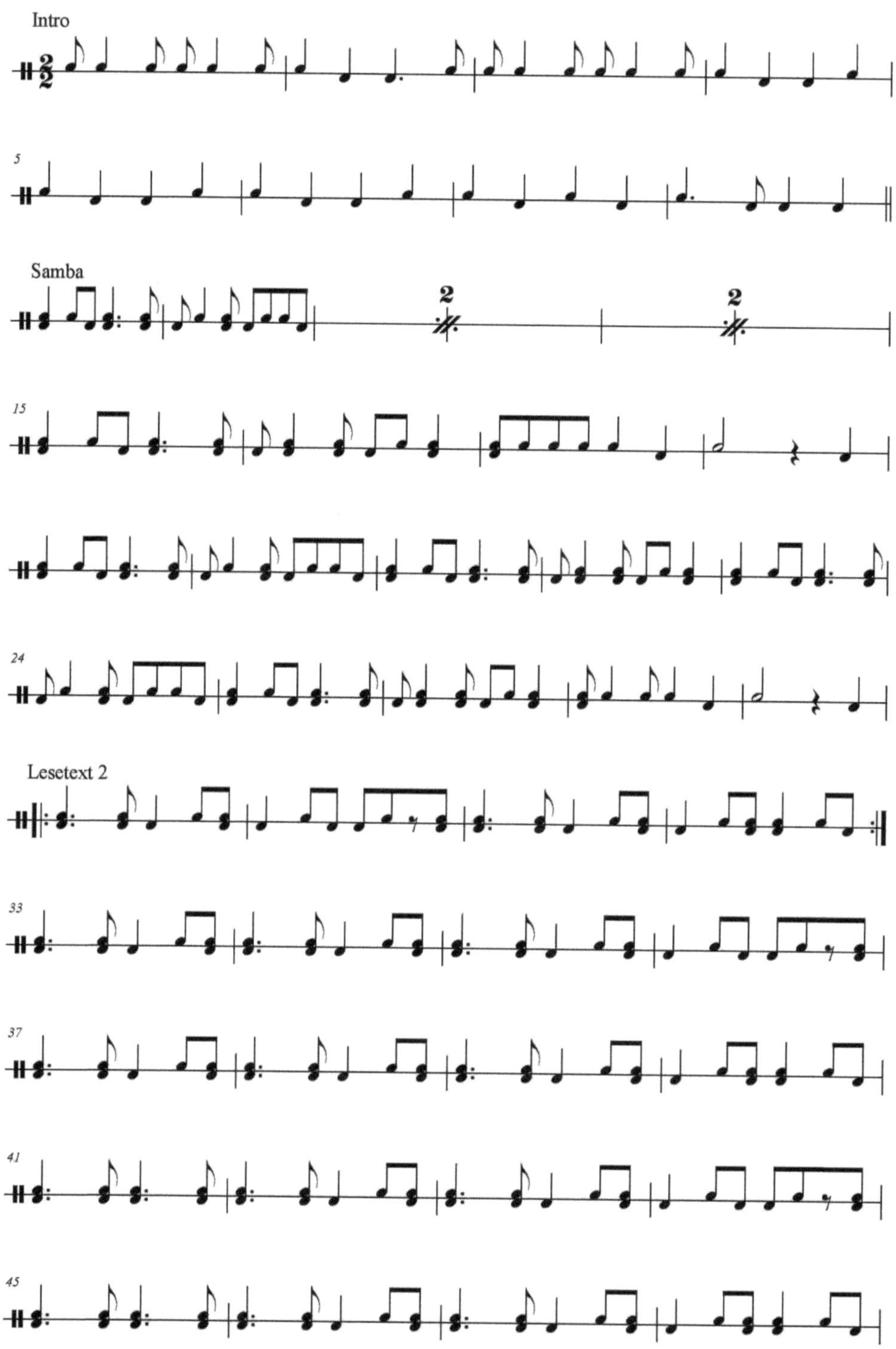

Performance 6, Seite 2

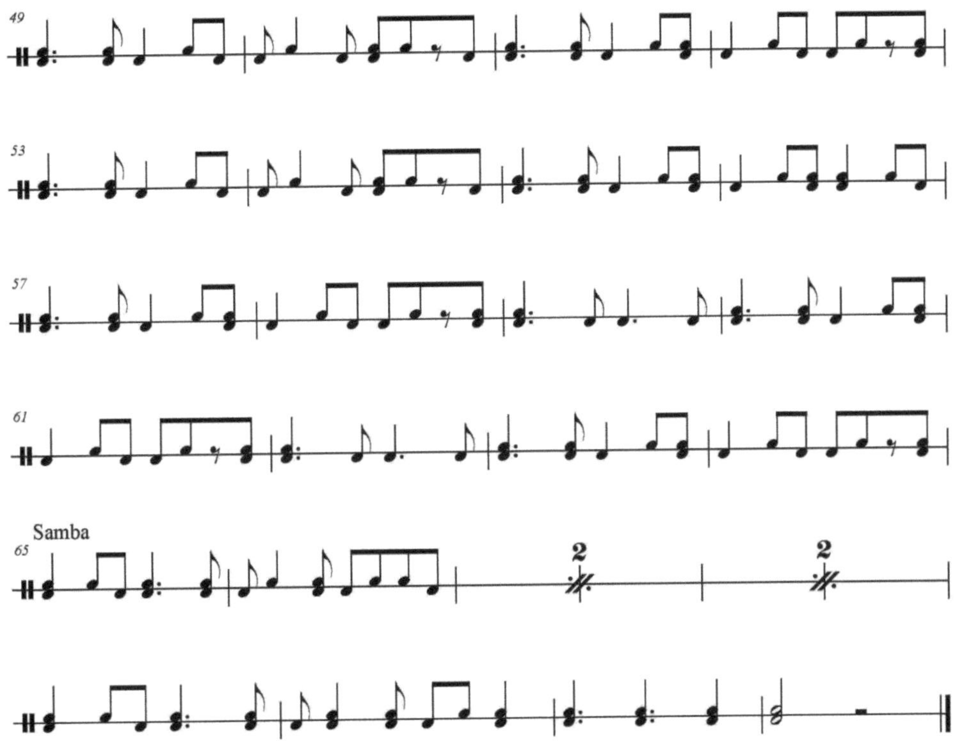

<u>**im Überblick**</u>:

- ***Intro***
- **Samba** mit Stopps
- **Bass-Rhythmus** mit *Lesetext* 2
- **Samba** mit Schluss

Sollte die gleichzeitige Ausführung des Bass-Rhythmus und des Lesetextes Schwierigkeiten bereiten, können die Übungen in Kapitel „Koordination“ (S. 55f) hilfreich sein.

Performance 7

Track 40 - 42

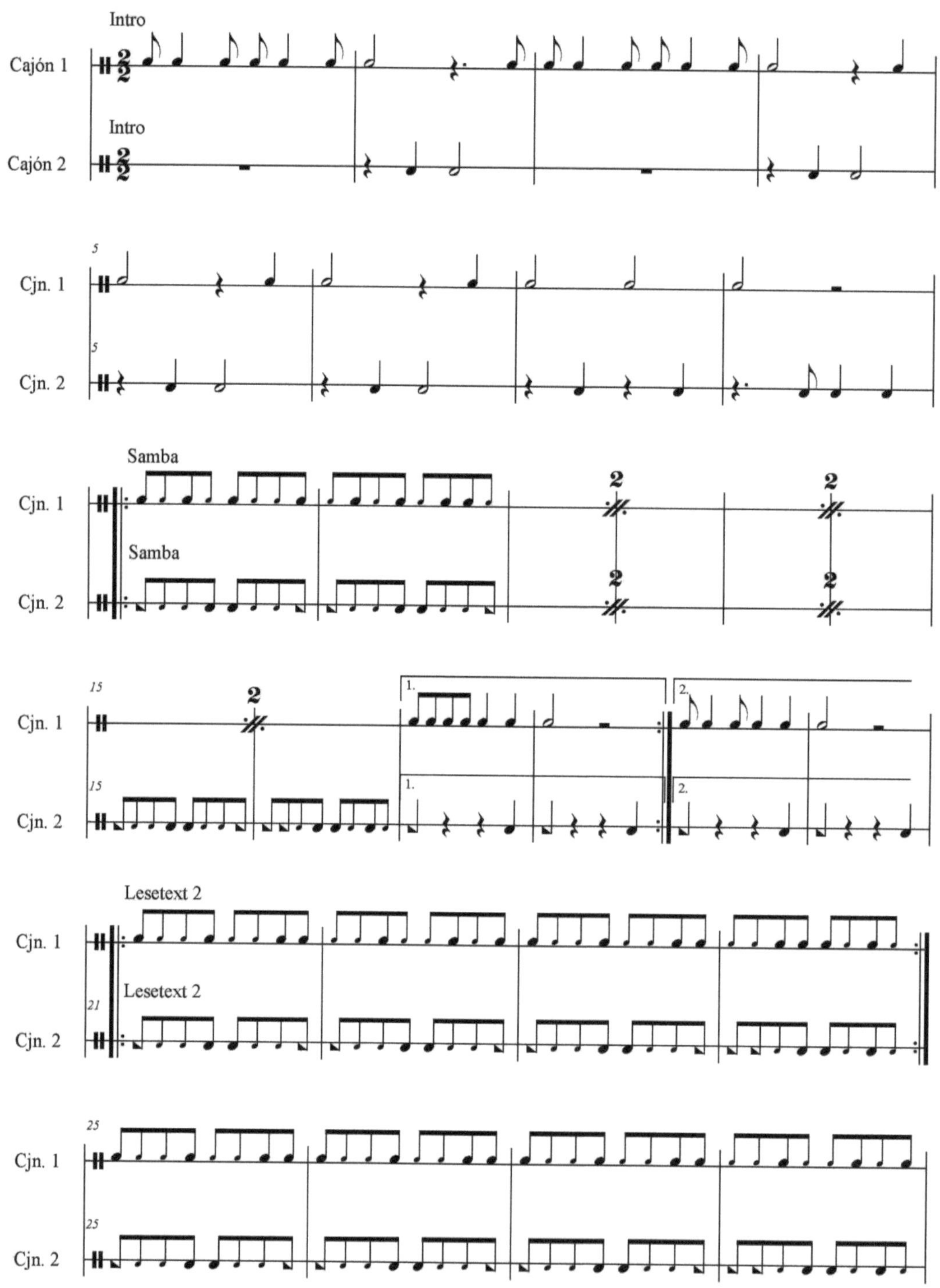

Performance 7, Seite 2

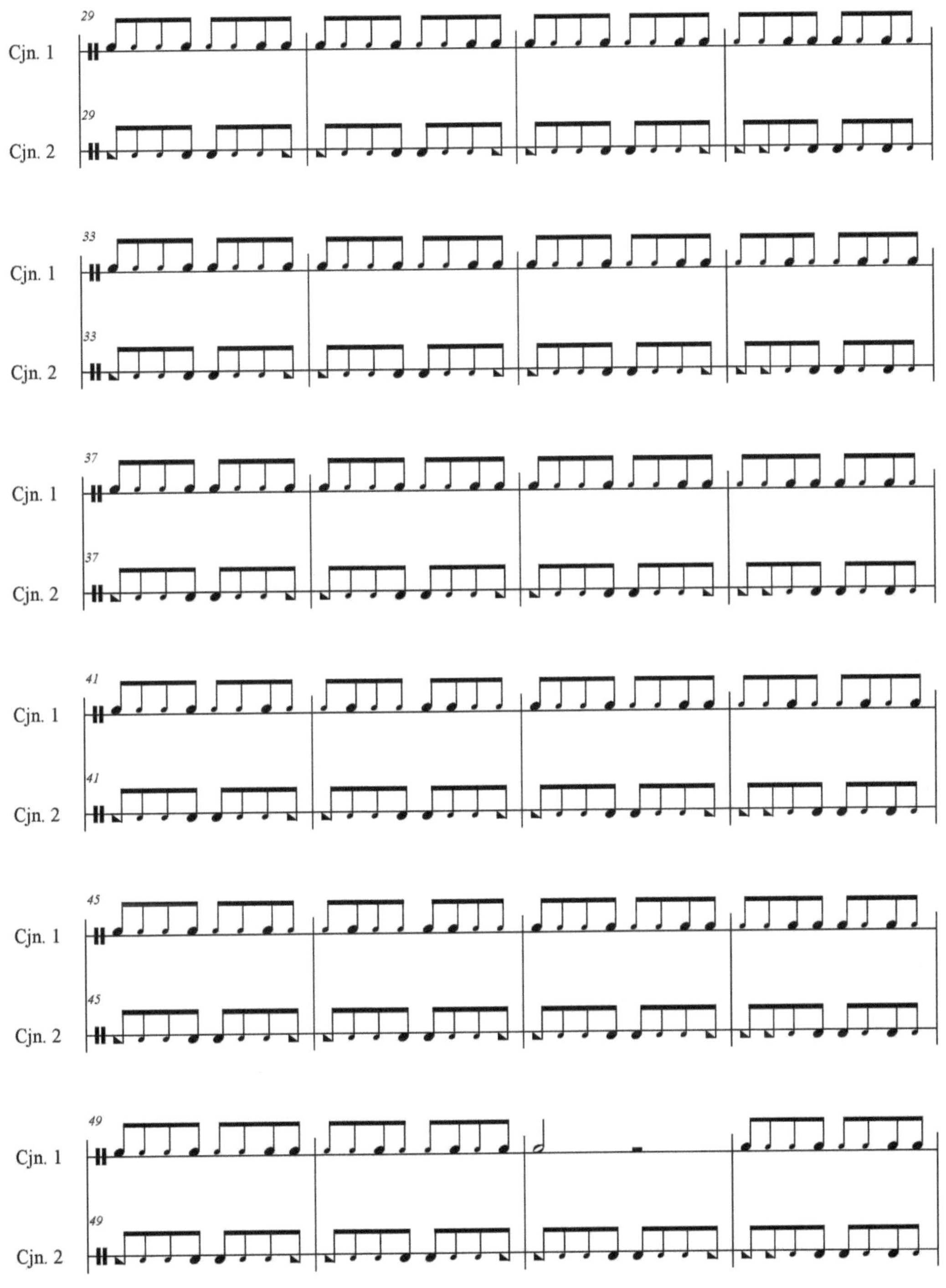

Performance 7, Seite 3

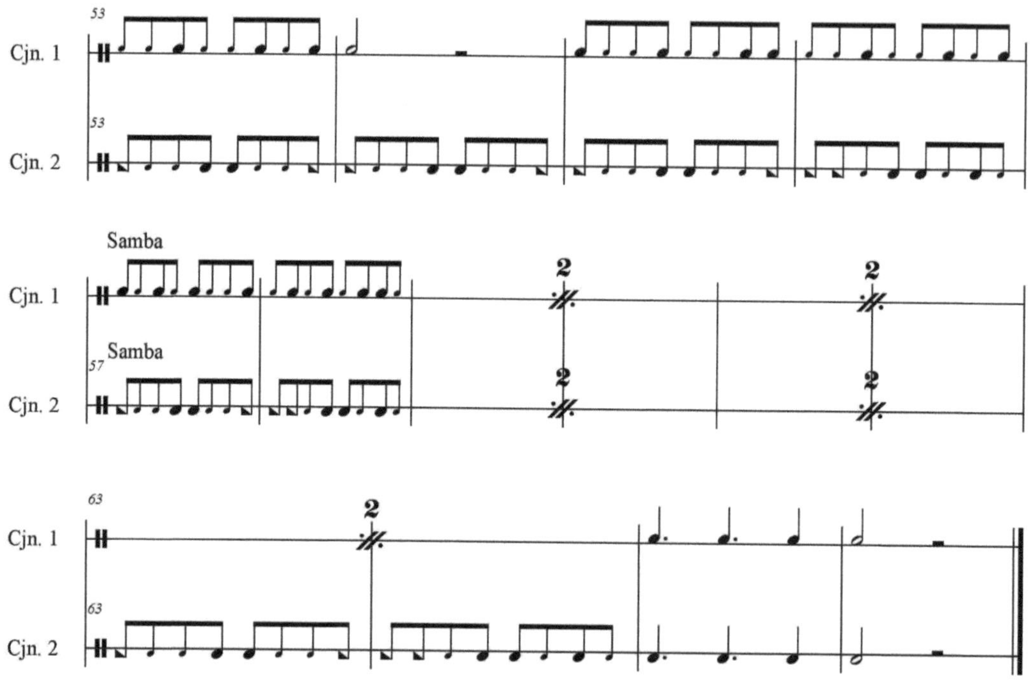

<u>**im Überblick**</u>:

- ***Intro***
- **Samba**
- ***Stopp***
- **Samba**
- ***Stopp***
- ***Lesetext* 2**, eine Stimme spielt *Bass*-Rhythmus, die andere Stimme spielt Lesetext
- **Samba**
- ***Stopp***

`Gedämpfte Schläge sind in Kapitel „Samba“ (Seite 50) erklärt.`

Performance 8

Track
43 - 46

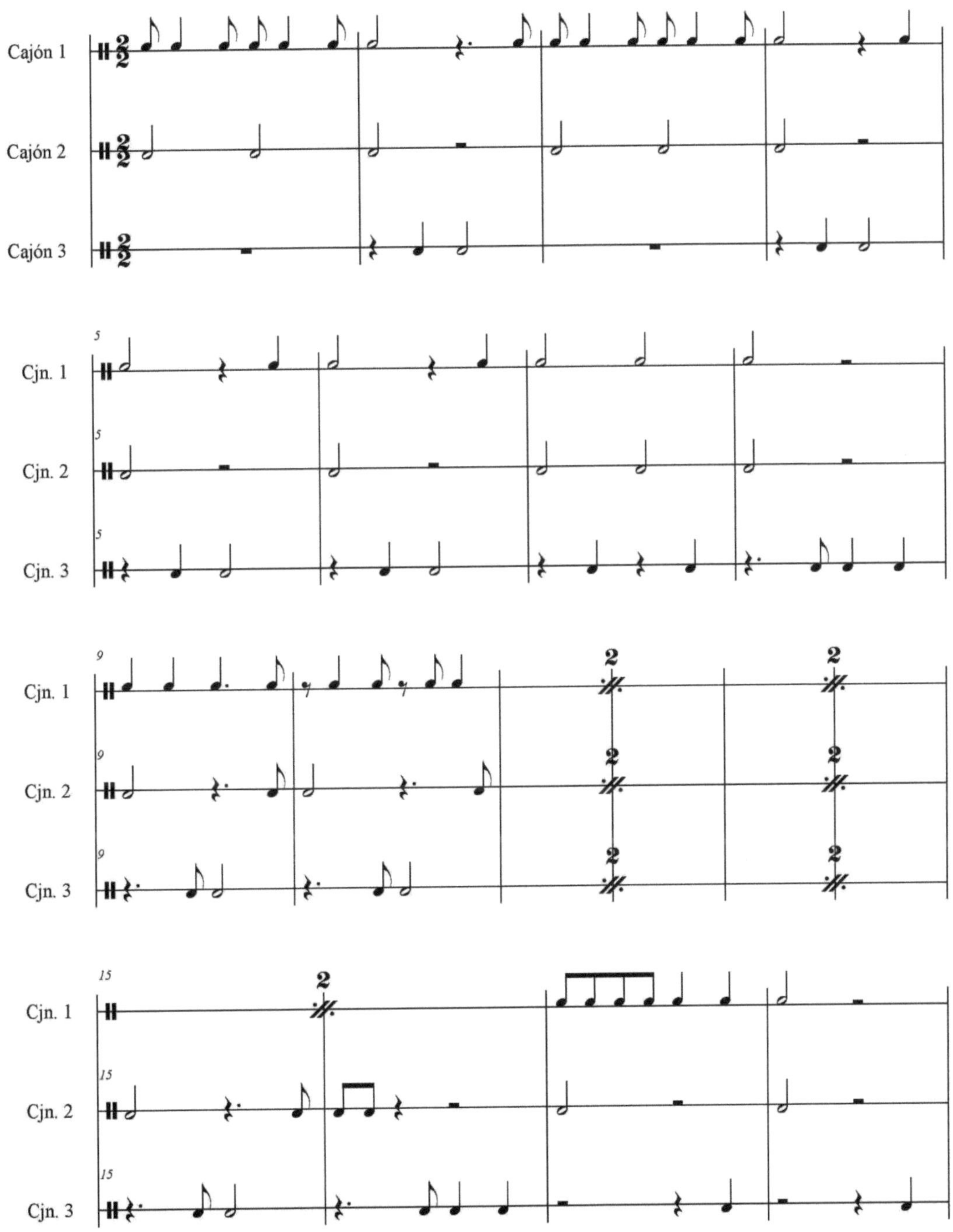

Performance 8, Seite 2

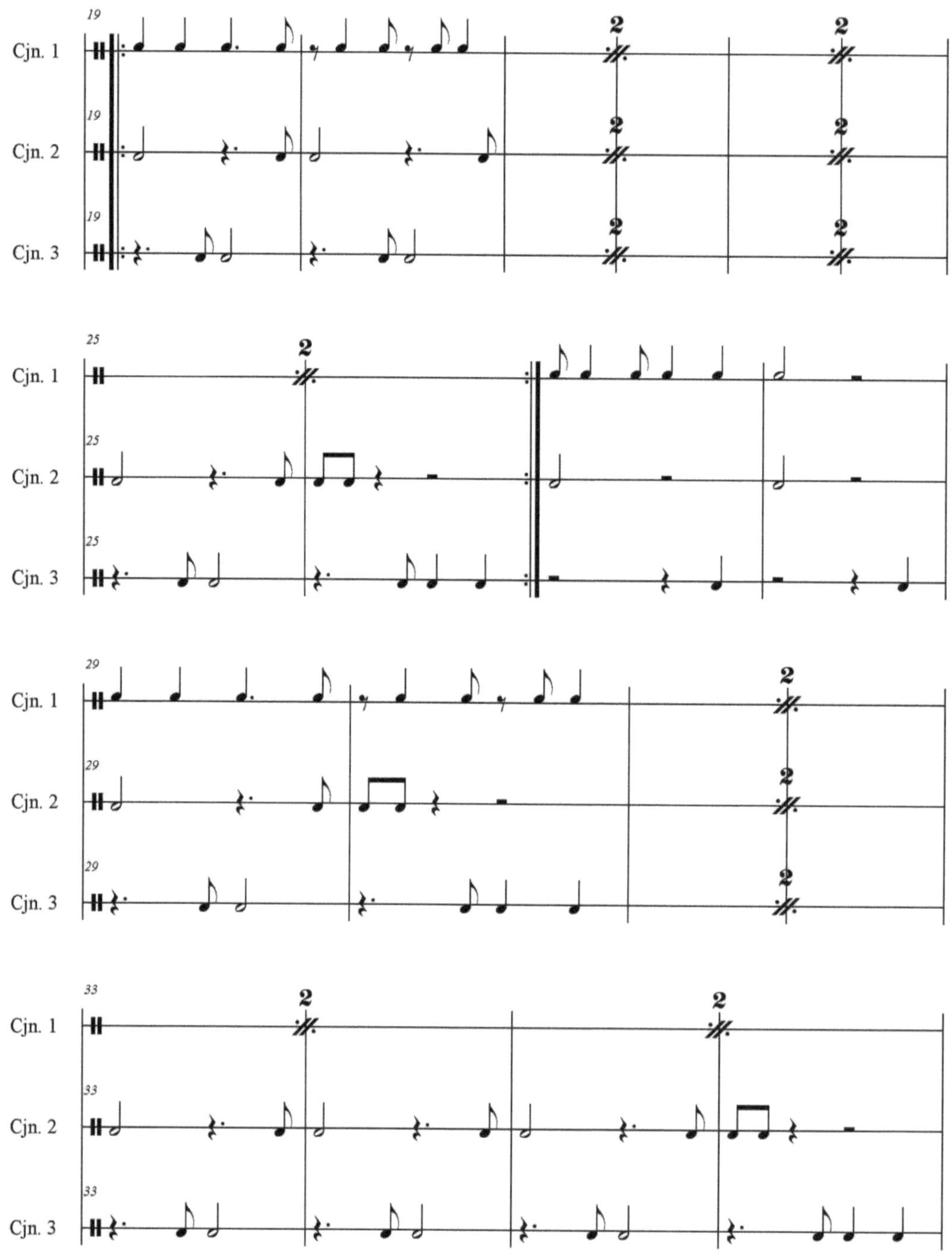

Performance 8, Seite 3

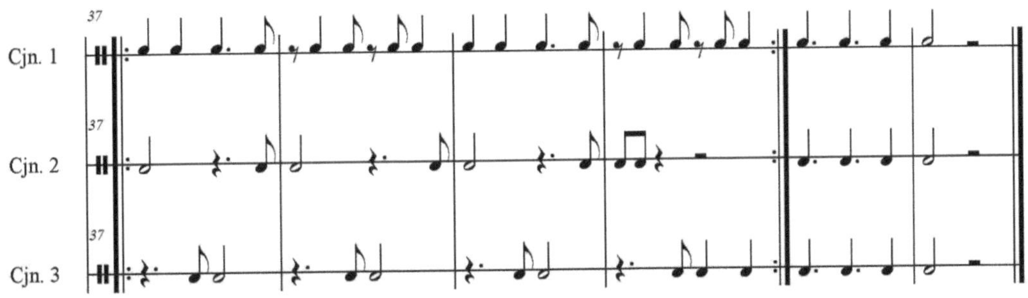

im Überblick:

- ***Intro***
- **Samba**
- ***Stopp***
- **Samba**
- ***Stopp***
- **Samba**
- ***Schluss***

Music for Boxes of Wood (Teil 1)

Musik: Andreas Wohlfahrt

Track
47 - 50

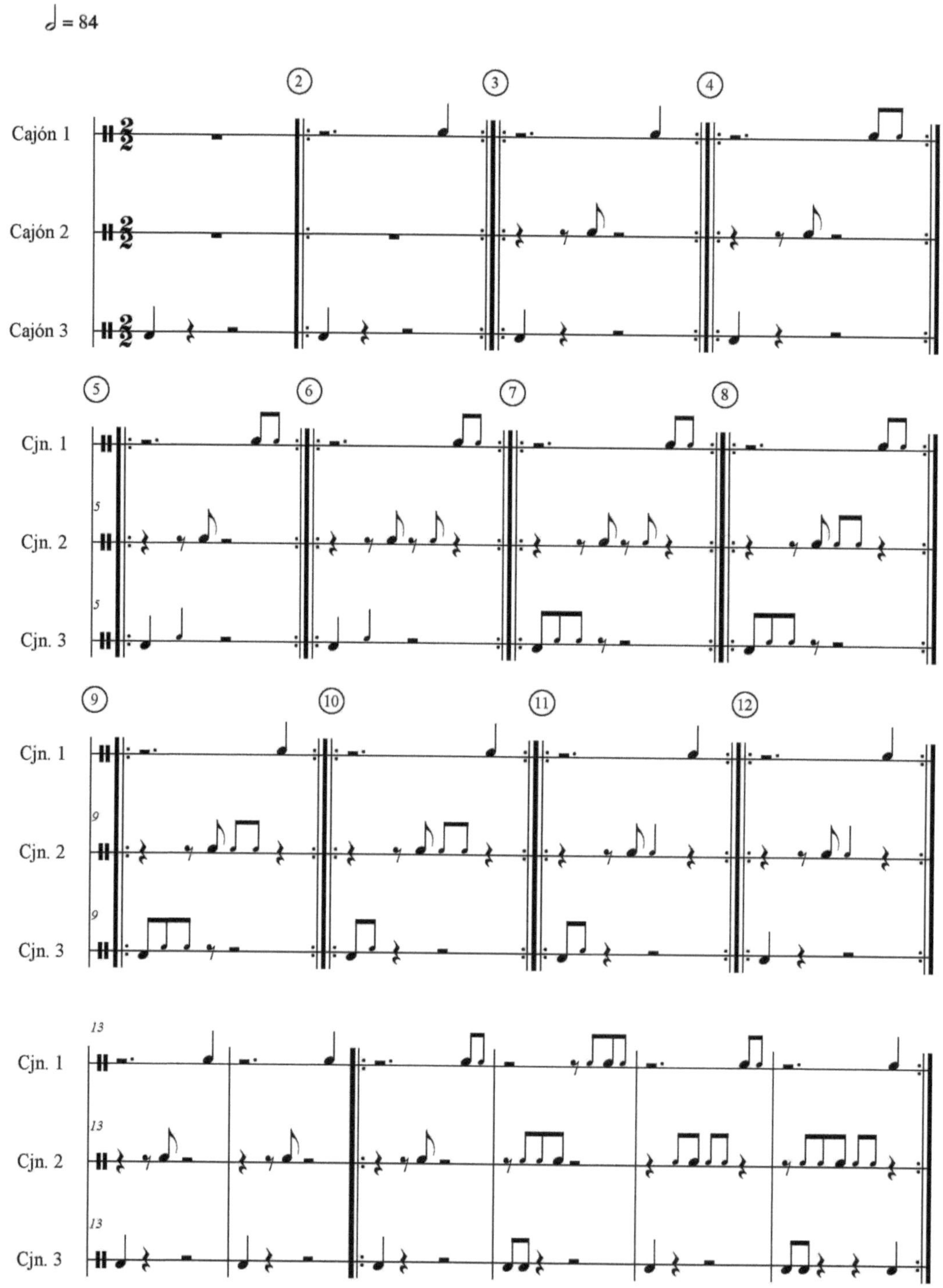

Music for Boxes of Wood

Seite 2

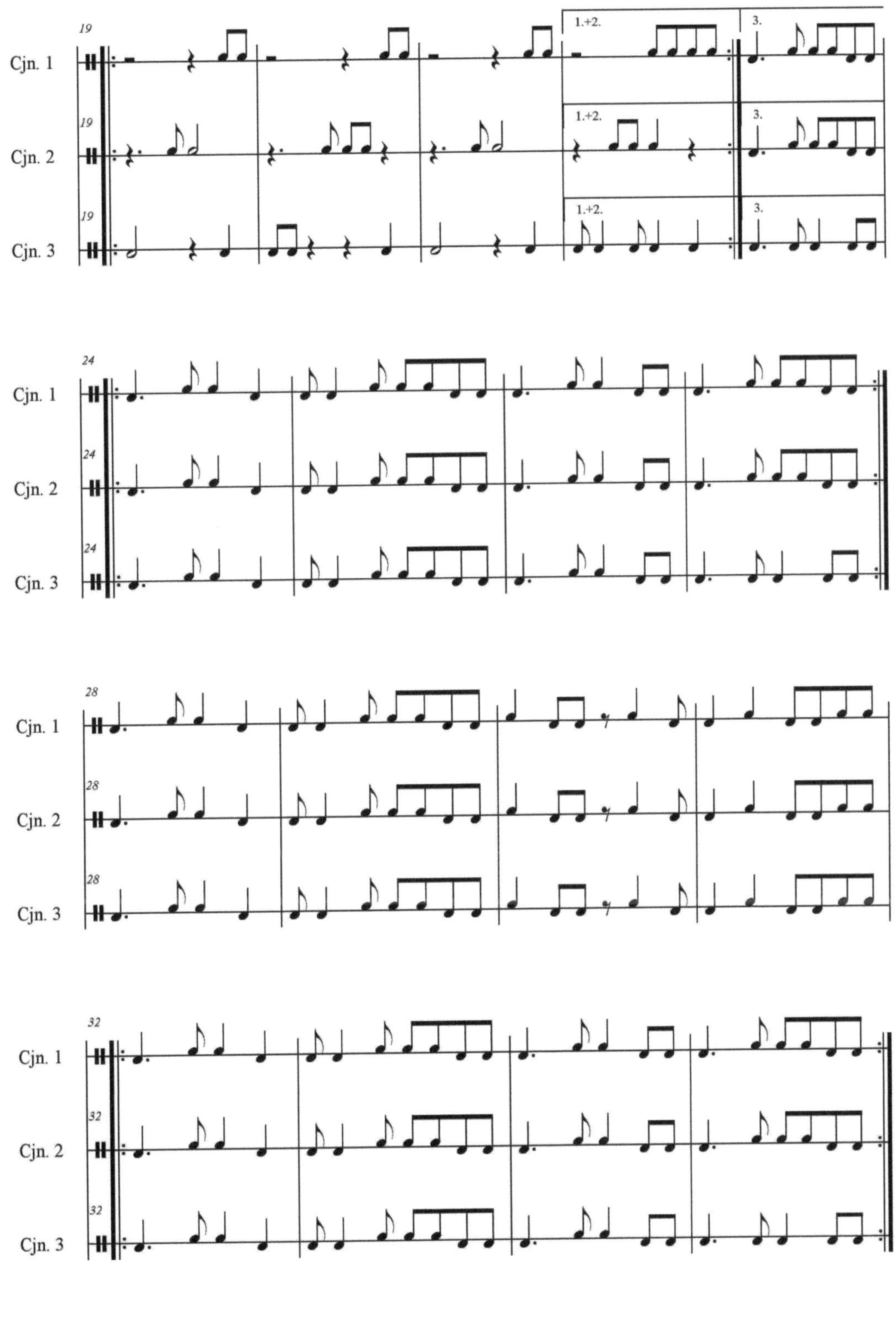

Music for Boxes of Wood

Seite 3

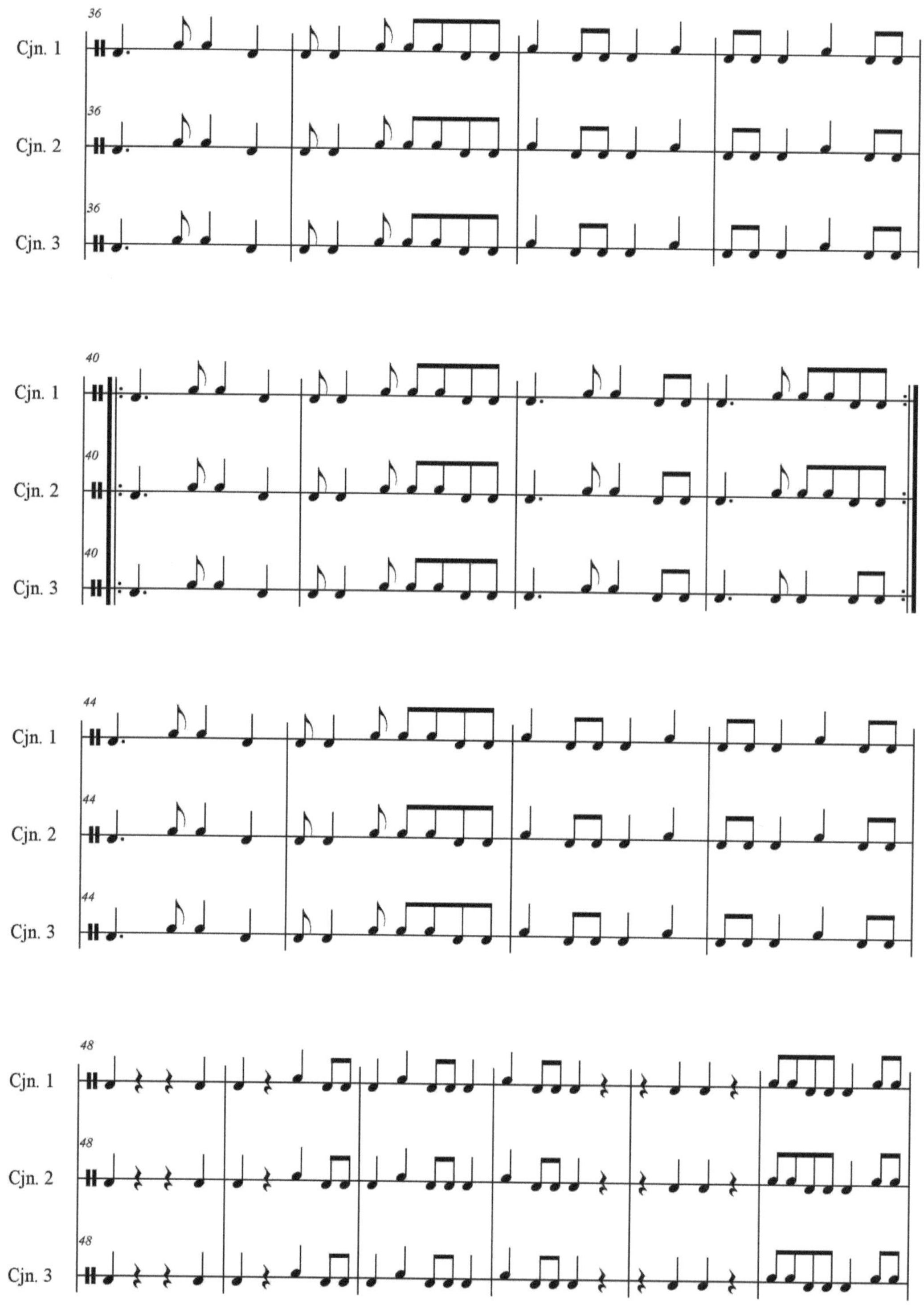

Music for Boxes of Wood

Seite 4

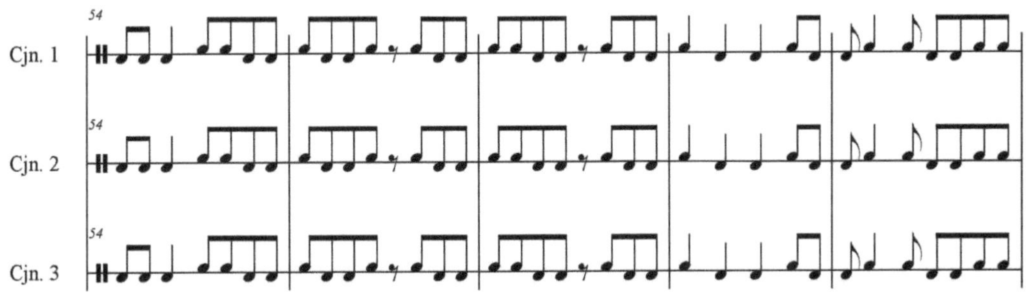

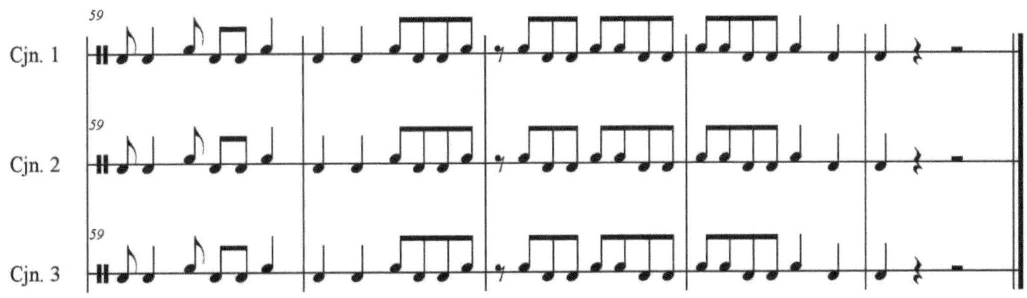

Auf den vorangegangenen Seiten ist der erste Teil von „*Music for Boxes of Wood*" zu sehen, einer dreistimmigen Komposition für Cajón.

Jede Stimme kann nach Bedarf mehrfach besetzt werden.

Die Takte 2 bis 12 können nach Belieben wiederholt werden. Auf der Aufnahme ist jeder dieser Takte einmal wiederholt.
Alle weiteren Wiederholungen sollen so gespielt werden, wie sie notiert sind.

Anhang

Für Leser/innen ohne oder mit nur geringer Notenkenntnis wird auf den folgenden Seiten die im vorliegenden Buch verwendete Notation kurz erklärt.

Notenwerte

In der Regel geben die Notenwerte an, wie lange ein Ton oder Klang klingen soll. Da sich bei der Cajón die Klangdauer eines einzelnen Schlages wenn überhaupt nur schwer verändern lässt, sei hier die Bedeutung eines Notenwertes wie folgt geändert:
Die Notenwerte geben an, in welchen zeitlichen Abständen die einzelnen Töne bzw. Klänge ausgeführt werden.
Es werden unter anderem folgende Notenwerte unterschieden:

𝅝 **Ganze Note**

𝅗𝅥 **Halbe Note**

♩ **Viertelnote**

♪ **Achtelnote**

Die Dauer eines Notenwertes steht in einem klaren Verhältnis zu den anderen Notenwerten.
- Eine Ganze Note hat die gleiche Dauer wie zwei Halbe Noten.
- Eine Halbe Note hat die gleiche Dauer wie zwei Viertelnoten.
- Eine Viertelnote hat die gleiche Dauer wie zwei Achtelnoten.

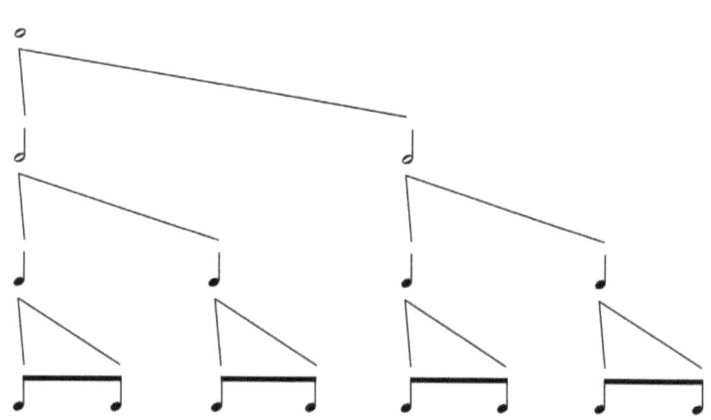

Notenhals

Mit Ausnahme der Ganzen Note tragen alle Noten einen Notenhals. Der Notenhals kann entweder aufwärts oder abwärts gezeichnet sein. Die Ausführung der Noten erfolgt unabhängig der Notenhalsrichtung, so dass unten stehende Noten vollkommen gleich gespielt werden:

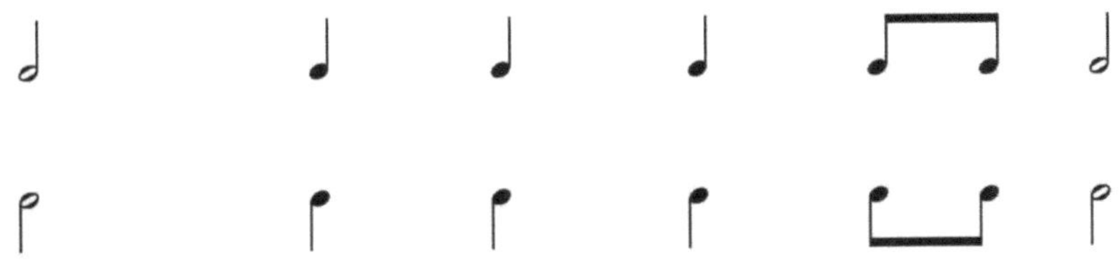

Fähnchen und Balken

Achtelnoten können sowohl einzeln als auch in Gruppen aufgeschrieben werden. Dabei trägt eine einzelne Achtelnote ein Fähnchen. Dieses Fähnchen wird bei einer Gruppe von Achtelnoten zu einem Balken, und verbindet die einzelnen Noten zu genau dieser Gruppe.

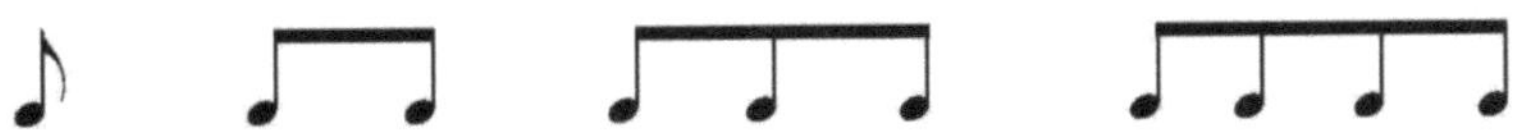

Ob und wie Achtelnoten zu einer Gruppe zusammengefasst werden, ist davon abhängig, wie die Musik strukturiert ist oder wie das Notenbild strukturiert sein soll. Die Dauer einer Achtelnote bleibt aber unbeeinflusst, ganz gleich ob sie einzeln oder in einer Gruppe steht.

Punktierte Note

Ein Punkt hinter einer Note verlängert die Note um die Hälfte ihres Wertes.
Eine punktierte Viertelnote hat folglich die gleiche Dauer wie drei Achtelnoten.

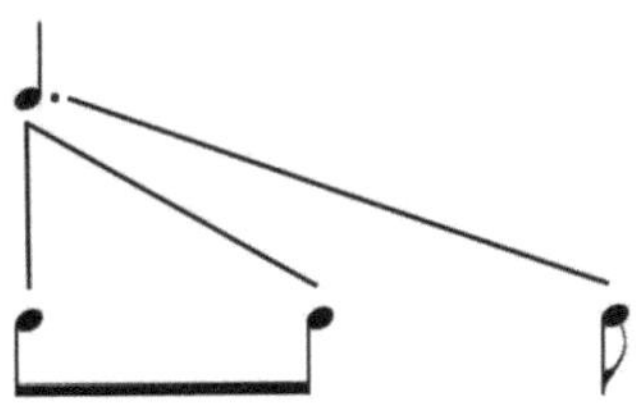

Pausen

Für jeden Notenwert gibt es auch eine Pause mit der selben Dauer. Pause bedeutet, dass für die entsprechenden Dauer <u>kein</u> Schlag ausgeführt werden soll.

𝄻 **Ganze Pause** - entspricht der Dauer einer Ganzen Note

𝄼 **Halbe Pause** - entspricht der Dauer einer Halben Note

𝄽 **Viertelpause** - entspricht der Dauer einer Viertelnote

𝄾 **Achtelpause** - entspricht der Dauer einer Achtelnote

So wie eine Note mit einem Punkt um ihre Hälfte verlängert werden kann, ist dies auch für eine Pause möglich.

𝄽.

Notensystem

Die Noten werden in einem Notensystem aufgeschrieben. Dieses System besteht in der Regel aus fünf parallel laufenden, waagerechten Linien, den Notenlinien. Für Instrumente mit relativ kleinem Ton- oder Geräuschumfang werden allerdings auch Notensysteme mit weniger als fünf Linien verwendet. Für die Notation des vorliegenden Buches wird lediglich eine Notenlinie benötigt.

Notenschlüssel

Ein Notenschlüssel für Schlaginstrumenten, mit denen nur Klänge ohne bestimmte Tonhöhe gespielt werden können, heißt Percussionschlüssel.

Takt

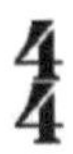

4/4 Takt bedeutet, dass in einem Takt vier Viertelnoten gezählt werden. Nachdem vier Viertelnoten gezählt wurden ist ein Takt zu Ende. Dies wird durch einen Taktstrich markiert. Danach wird wieder bis vier gezählt u.s.w. bis das Stück zu Ende ist oder eine neue Taktart erscheint.

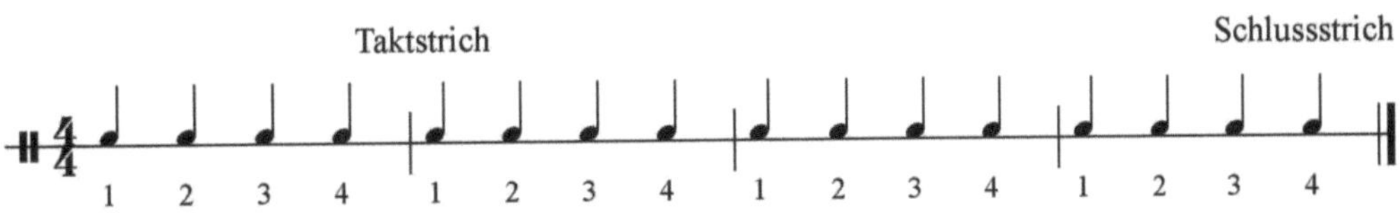

Das Zählen verbalisiert sozusagen den inneren Puls, der in den meisten Fällen für alle beteiligten Musiker die gemeinsame rhythmische Grundlage bildet. Daher ist es wichtig, dass immer gleichmäßig gezählt wird. Es wird stets durchgezählt, egal ob Noten oder Pausen gespielt werden.

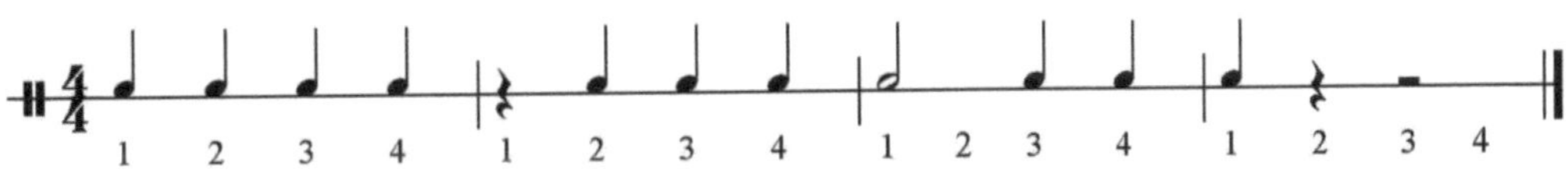

Werden im 4/4 Takt Achtelnoten gespielt, klingen auf einer Zahl zwei gleich lange Noten. Das kann auch gezählt werden, indem zwischen jeder Zahl ein „und“ gesprochen wird. Dieses „und“ wird im vorliegenden Buch als „+“ aufgeschrieben. Es empfiehlt sich, das „und“ konsequent mitzuzählen, unabhängig ob Viertelnoten oder Achtelnoten gespielt werden. Dies ist auch bei Pausen und punktierten Noten hilfreich.

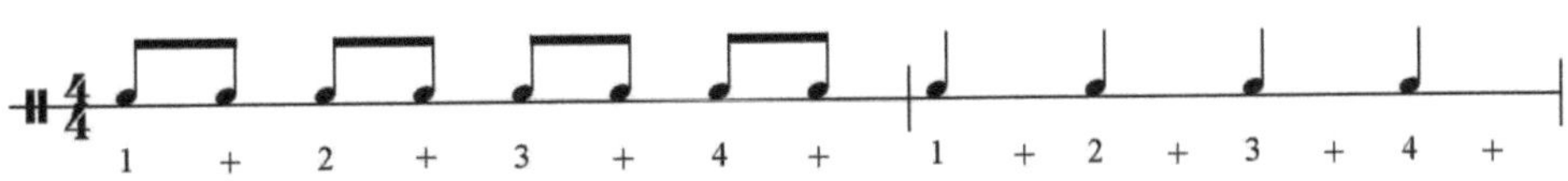

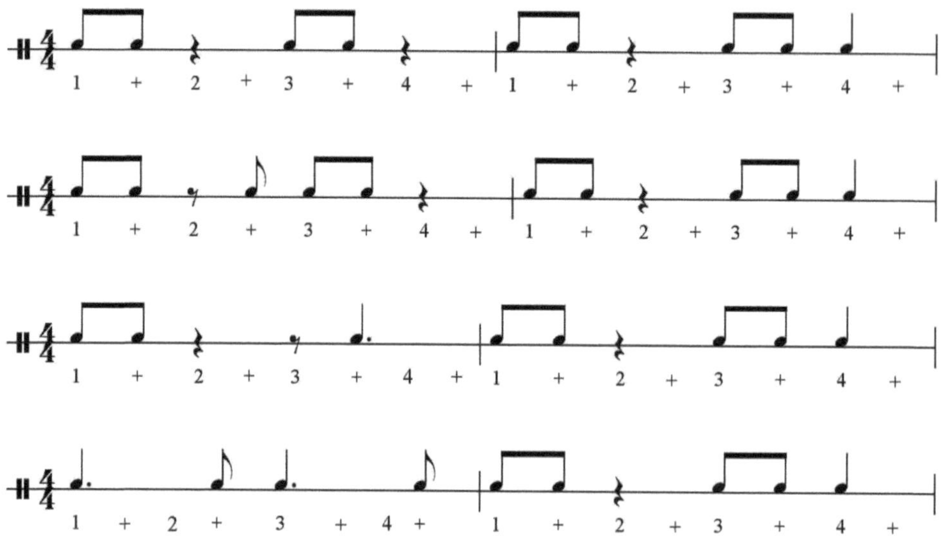

Der 2/2 Takt ist eine weitere Taktart, die im vorliegenden Buch Verwendung findet. 2/2 Takt bedeutet, dass in einem Takt zwei Halbe Noten gezählt werden.

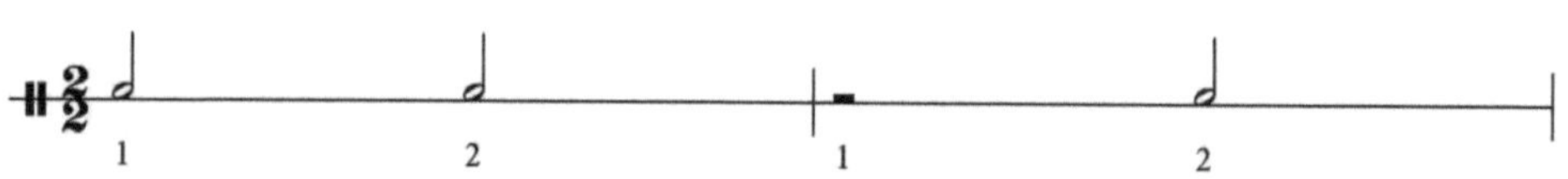

Viertelnote können im 2/2 Takt mit „und“ gezählt werden.

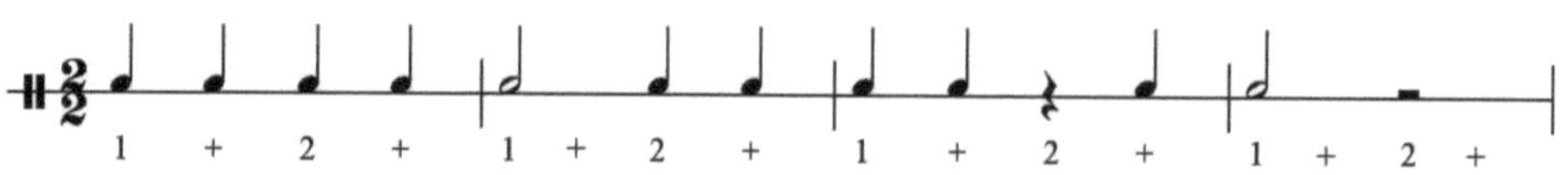

Achtelnoten könne im 2/2 Takt mit „1 e und d 2 e und d“ gezählt werden.

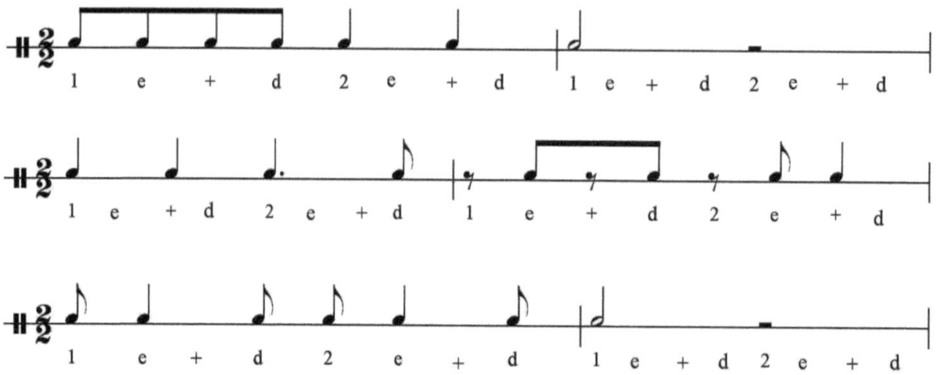

Takt

Auch wenn der 4/4 Takt und der 2/2 Takt im Notenbild sehr ähnlich und mathematisch identisch erscheinen, haben beide Taktarten unterschiedliche Charaktere. Schließlich ist „1 - 2 - 3 - 4 - 1 - 2 - 3 - 4“ anders als „1 - 2 - 1 - 2 - 1 - 2 - 1 - 2“.

Wiederholungszeichen

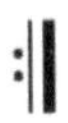

Sollen Takte oder ganze Abschnitte eines Stückes wiederholt werden, kann dies durch Wiederholungszeichen angezeigt sein.

Ist nur ein Wiederholungszeichen notiert, wird vom Beginn des Stückes bis zum Zeichen wiederholt.

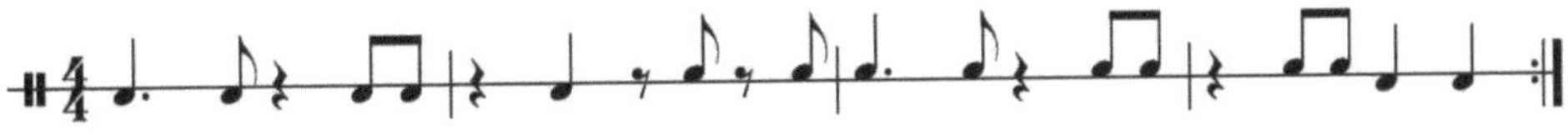

Sind zwei Wiederholungszeichen notiert, soll alles zwischen diesen beiden Zeichen wiederholt werden.

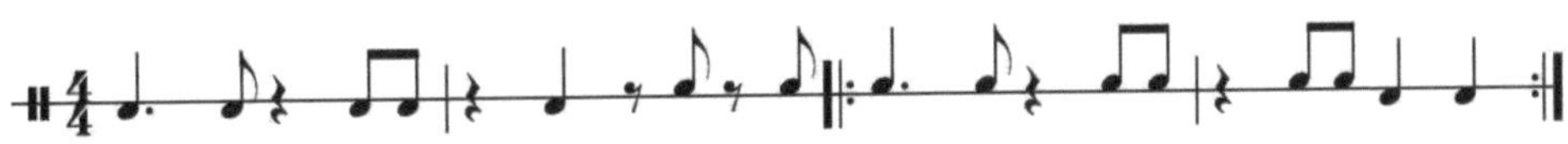

Normalerweise wird bei einem Wiederholungszeichen der betreffende Abschnitt einmal wiederholt. Wenn mehrmals wiederholt werden soll ist dies extra angezeigt.

Kasten / Klammer

Wenn die Endungen der Wiederholung unterschiedlich sind, wird dies mit einem Kasten / einer Klammer angegeben. Im unten stehenden Beispiel wird beim ersten Durchgang der Takt unter der ersten Klammer gespielt, beim zweiten Durchgang der Takt unter der zweiten Klammer.

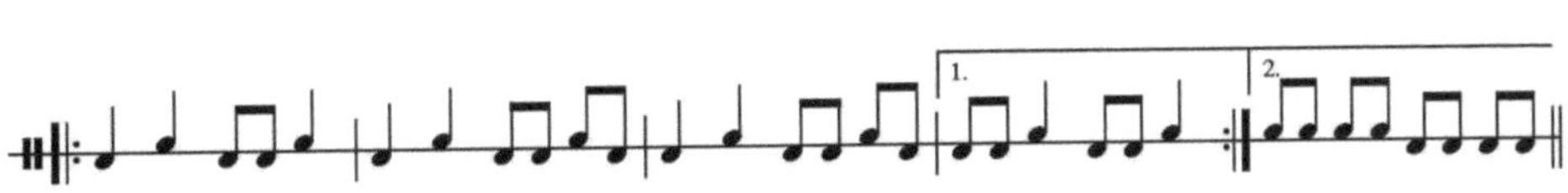

Faulenzer

In der Notation für Schlagzeug finden auch sogenannte Faulenzer Verwendung. Dabei wird zwischen eintaktigem Faulenzer und zweitaktigem Faulenzer unterschieden.

𝄎 Eintaktiger Faulenzer bedeutet, dass der <u>vorherige</u> Takt noch einmal gespielt werden soll.

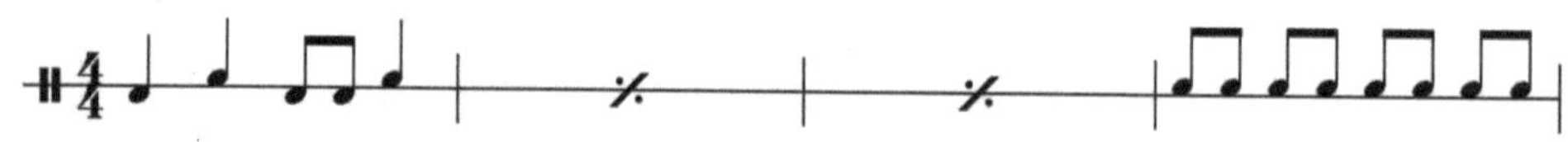

2 𝄏 Beim zweitaktigen Faulenzer sollen die <u>vorherigen zwei</u> Takte noch einmal gespielt werden.

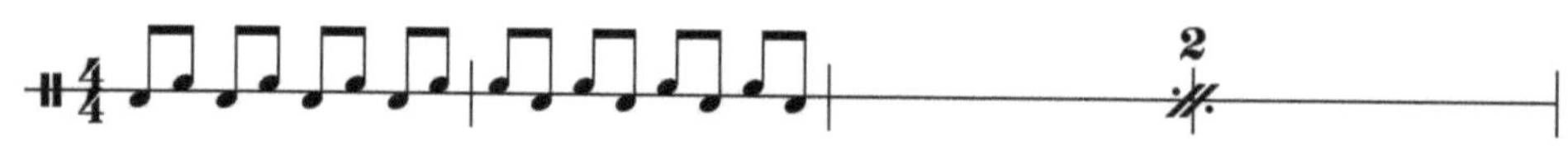

Tempoangabe

Auf Seite 98 des vorliegenden Buches erscheint diese Tempoangabe:

𝅗𝅥 = 84 Die Zahl steht für Schläge pro Minute. Wird ein Metronom auf 84 eingestellt, klickt es 84 mal in einer Minute. Im neben stehenden Beispiel stellt also jedes Klicken eine Halbe Note dar.